中2英語 をおさらいして話せるようになる本

東本 S. 裕子

高橋基治

アルク

文法「わかる」から
会話「できる」へ！

　英文法と聞くと「苦手！」と感じる方も多いのではないでしょうか？

　しかし、大人の皆さんは、ほとんどの方が一度学んだ経験があります。「うろ覚えで…」「すっかり忘れてしまった」という方もいるでしょうが、まったく初めて接するよりも社会経験を積んだ大人としてもう一度おさらいすれば、効率よく身につけることが可能になります。

　本書では、英文法をもう一度最初からおさらいし、クイックレスポンスで即、その文法の「型」を定着させ、「文法がわかる」だけにとどまらず、その先の「会話ができる」まで進化させます。

大人のための
英語学習法とは？

　大人の外国語学習においては、英文のルールである「**文法**」と、単語や語句の「**意味**」、提案、謝罪といったそれが使われている「**場面**」がつながり、学習者の中で「そうか、こういうときはこんな表現を使って、こういうふうに言うんだ！」という「**気づき**」が促されたとき、高い効果が得られると言われています。

そのせっかくの「気づき」を放置すると、いつまでたっても英語は話せるようになりません。**英文を実際に声に出し、瞬時に口をついて出てくるようになる（自動化）まで何度も繰り返し、記憶の奥深くに定着させる活動が不可欠**になってきます。この「繰り返し」こそが「わかる」を「できる」に変える方法であり、外国語習得には避けては通れない王道なのです。

そこで本書では、大人の学び直しを効率的、効果的に実践できるよう、**「英文法」と「英会話」を1冊で練習できる**ようにしました。

中2英語を制すれば、英会話はかなり自由になる

2021年度から、中3で習っていた現在完了形や受動態などの項目も中2で学習するようになりました。**中2までの文法で、英会話に必須の基礎項目はカバー**できます。中1と併せて身につければ、日常会話はかなり自由になるはずです。

そのためには、**反射的に自然に発話できるようになるまで、何度も何度も「素振り」のように練習を繰り返す**ことが必要です。この英語の「素振り」が効果的にできるよう設計された本書を使い、ぜひ「わかる」→「できる」を実現してください。

そして英語を使って、ぜひ新しい人やものとつながってみてください。皆さんの「できる」が増えるよう、応援しています！

東本S. 裕子（横浜商科大学准教授）

目次

はじめに 002

本書の使い方 006

本書の学習音声の入手方法 009

中1英語、大丈夫？（中1英語の復習） 010

01 過去進行形 012

02 There is/areの基本 016

03 There is/are否定文と疑問文 020

04 be going toの基本 024

05 willの基本 028

06 be going toとwillの否定文 032

07 be going toとwillの疑問文 036

08 疑問詞を使った未来の疑問文 042

09 時制のまとめ 046

   シャッフル・クイックレスポンス① 050

10 give＋人＋物 052

11 call＋人＋説明 056

12 接続詞 when 060

13 接続詞 ifとbecause 064

14 接続詞 that 068

15 助動詞 can、could、may 072

16 助動詞 will、would 076

17 助動詞 have to 080

18 助動詞 must、should 084

   シャッフル・クイックレスポンス② 088

19 不定詞 名詞的用法 090

20 不定詞 形容詞的用法 094

21 不定詞 副詞的用法 098

22 動名詞 102

シャッフル・クイックレスポンス③ 108

23 比較級 110

24 最上級 114

25 as ~ as ...（原級） 118

26 受け身の基本 122

27 過去分詞 126

シャッフル・クイックレスポンス④ 130

28 現在完了「継続」 132

29 現在完了「継続」の否定と疑問 136

30 現在完了「経験」 140

31 現在完了「経験」の否定と疑問 144

32 現在完了「完了・結果」 148

シャッフル・クイックレスポンス⑤ 152

コラム01　be going toとwillの違い 040

コラム02　実は違う、to不定詞と動名詞 106

コラム03　現在完了と過去形の違い 154

巻末付録

①これだけ！ あいさつとあいづち表現 ...157

②不規則な変化をする動詞一覧 162

③比較変化の一覧 166

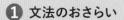

本書の使い方

本書は、**①**文法のおさらい ➡ **②**理解度チェック ➡ **③**クイックレスポンスの3つのパートを中心に構成されています。

① 文法のおさらい

英会話に欠かせない文法をもう一度一から復習して理解します。

② 理解度チェック

①で復習した文法が理解できているかを、問題を解いて確認します。答えは付属の赤シートで隠せます。

大人の英会話ポイント

表現の使い方やニュアンス、使用上の注意です。

中1英語、大丈夫？

中2の学習を始める前に、中1英語を振り返って見ましょう。すぐに英語に変換できない場合は、『中1』に戻ったほうがいいかもしれません。

01

音声マーク

番号の音声ファイルを呼び出して学習に使ってください。

❸ クイックレスポンス 　詳しい方法は次ページ

理解した文法を含む英文を頭に定着させ、会話で使えるようにする練習です。左側の日本語を見て、すぐに英語にしてみましょう。最初はうまくできなくても構いません。スムーズにできるまで繰り返しましょう。

さあ、クイックレスポンス！ 🔊 **03**

1回目 ／　2回目 ／　3回目 ／

以下の日本語を素早く英語にしてください。手順は 8 ページを参照。

1. 私はパスタを作っているところでした。
2. 彼はそのときテレビを見ているところでした。
3. 彼らは夕食を食べているところでした。
4. 彼女は彼女の犬を散歩させているところでした。
   walking
5. 私たちは列に並んで待っているところでした。
   waiting in line
6. 私は、2 年前はレストランで働いていました。
7. 私の夫は 1 日中くしゃみをしていました。
8. 1 時間前は、雨は降っていませんでした。
   an hour ago
9. あなたは 1 晩中 YouTube を見ていたのですか？
   all night long
10. あなたはそのとき何をしていましたか？

1. I was cooking pasta.
2. He was watching TV then.
3. They were eating dinner.
4. She was walking her dog.
5. We were waiting in line.
6. I was working at a restaurant two years ago.
7. My husband was sneezing all day.
8. It wasn't raining an hour ago.
9. Were you watching YouTube all night long?
10. What were you doing then?

大人の英会話ポイント 2.&10. then は at the/that time と置き換え可能です。3. eating は having でも OK。7. ずっと繰り返される動作を表しています。He was coughing all day. なら「彼は 1 日中せきをしていた」になります。

014　　015

語彙のヒント

クイックレスポンスで引っかかりそうな語彙に英語のヒントをつけました。

シャッフル・クイックレスポンス

いくつかのレッスンごとに、それまでに登場した表現をランダムに選んでクイックレスポンス練習ができるページを設けました。表現が定着しているかをここで確認してみましょう。

ほかにも、不規則動詞の一覧などの巻末付録やコラムがあります。

クイックレスポンスの手順

音声は次の順で収録されています。
日本語 ➡ ポーズ ➡ 英語（ナチュラル） ➡
英語（スロー） ➡ 英語（ナチュラル）

ステップ①　瞬時に日英変換

左ページの日本語を素早く英語にしてみましょう。
話し相手がいるつもりで言うと効果的です。語
彙のヒントを参照して構いません。言えない場合
は右ページの答えを見ましょう。

ステップ②　英文の確認

①がうまくできてもできなくても英文を確認し、う
まく言えなかった文や間違いを確認してください。

ステップ③　音声を参考に声に出す

音声を聞いてから、英文を何度も実際に声に出し
てみましょう。最初は英文を見ながら、慣れてき
たら英文を見ないで言えるか挑戦してください。

スロースピードの音声で個々の単語の発音を確認
し、ナチュラルスピードの音声で音の強弱や音の
変化（連結・脱落・同化）に注目して、できるだ
け耳に聞こえた通りそっくりまねてください。

音声だけでも練習できます。その場合はポーズの
ところで英語が言えるか試してみましょう。

ステップ④　①〜③のサイクル学習

後日、すべての英文が1秒以内にスムーズに言え
るか確認してください。

忘れていても構いません（それが普通です！）。思
い出す行為があなたの記憶を深めるので、繰り返
し挑戦してください。

【無料】本書の学習音声の入手方法

 スマートフォンの場合

 英語学習アプリ booco【無料】

【手順】

❶英語学習 booco のダウンロード

スマホに、アルクが無料提供しているアプリ
英語学習 booco をダウンロード。

※ App Store、Google Play から「booco」で検索

booco 説明
サイトへ

❷本書を探す

booco のホーム画面下の「探す」ページで、書籍名、
商品コード 7021066、著者名で検索。

❸本書の音声をダウンロード

 パソコンの場合

以下のサイトで本書の商品コード
7021066 で検索してください。

アルクのダウンロードセンター
https://portal-dlc.alc.co.jp/

中2英語を始める前に、中1英語がしっかり理解できているかを
チェックしてみましょう。以下の日本語を ▬▬ 内の文法を使って、
素早く英語にしてください。

□ **1.** `be動詞` 〈家の中で〉トイレは向こうにあります。

□ **2.** `形容詞・副詞` 今日は寒いですか？

□ **3.** `一般動詞` このエアコンは故障しています。

□ **4.** `形容詞・副詞` 私は今、すごく疲れています。

□ **5.** `can` お水をいただけますか？

□ **6.** `疑問詞` あなたは健康のために何をしていますか？

□ **7.** `命令文` それについては心配しないで。

□ **8.** `現在進行形` 私はスーパーに行くところです。

□ **9.** `過去形` 私は昨夜、熱がありました。

□ **10.** `過去形` あなたは昨日、残業しましたか？

1. The bathroom is over there.

2. Is it cold today?

3. This air conditioner doesn't work.

4. I'm so tired now.

5. Can I have some water?

6. What do you do for your health?

7. Don't worry about that.

8. I'm going to the supermarket.

9. I had a fever last night.

10. Did you work overtime yesterday?

いかがでしたか?
「瞬時に英語にできなかった」「細かいミスが多かった」「まったく歯が立たなかった」という方は、『中1英語をおさらいして話せるようになる本』(に戻ること) をお勧めします。
「完璧だった!」「細かいミスは少しあったがほぼできた!」という方は、本書での学習を始めましょう。

過去進行形

何ができる？ | 「〜しているところでした」と言える

　過去進行形は、「（その時点で）〜しているところでした」と、過去のある時点での進行中の動作や状態を表すことができます。

be動詞の過去形（was/were）＋ **動詞の ing形** で表します。

I <u>am</u> reading a book. 私は本を読んでいます。

 be動詞を過去形にするだけ

I was reading a book.

私は本を読んでいました。

be動詞の過去形は was と were の 2 種類だけです。

現在形 am と is → **過去形 was**　現在形 are → **過去形 were**

主語に合わせて使い分けましょう。

I	was
He、She、It、Tomなどの（**3人称**）**単数**	
You（あなた）	were
We、You（あなたたち）、Theyなどの**複数**	

　過去進行形はよく、「その時点で、そのとき」を表す **then**、**at that time** や「〜のとき」を表す **when ~**（p. 60 参照）と一緒に使われます。

　My sister <u>was cooking</u> then. (姉は<u>その時</u>料理を<u>していました</u>)

　また、**all day**（1 日中）などと一緒に使うと「過去のある期間ずっと〜し

ていた」と「継続」や「繰り返し」を表すこともできます。

It was raining all day yesterday.（昨日は1日中雨が降っていました）

なお、**否定文・疑問文の作り方は、現在進行形と同じです。**

理解度チェック

02

以下を赤シートで隠し、日本語に合わせて空欄を埋めて読んでみましょう。音声も確認し、まねして発音してください。

1. 私はシチューを作っているところでした。
   I was cooking stew.

2. あなたはそのとき眠っていました。
   You were sleeping then.

3. 雪が激しく降っていました。
   It was snowing hard.

4. 彼女は電話で話しているところでした。
   She was talking on the phone.

5. 彼は1日中くしゃみをしていました。
   He was sneezing all day.

大人の英会話ポイント **1.** stew の発音は「ストゥー」のように。**3.** hard は「ひどく、激しく」という副詞。**4.** on the phone で「電話で」という意味。**5.** sneeze は「くしゃみをする」。「あくびをする」は yawn。

さあ、クイックレスポンス！

03

以下の日本語を素早く英語にしてください。手順は 8 ページを参照。

□ **1.** 私はパスタを作っているところでした。

□ **2.** 彼はそのときテレビを見ているところでした。

□ **3.** 彼らは夕食を食べているところでした。

□ **4.** 彼女は彼女の犬を散歩させているところでした。
　　 walking

□ **5.** 私たちは列に並んで待っているところでした。
　　 waiting in line

□ **6.** 私は、2 年前はレストランで働いていました。

□ **7.** 私の夫は 1 日中くしゃみをしていました。

□ **8.** 1 時間前は、雨は降っていませんでした。
　　 an hour ago

□ **9.** あなたは 1 晩中 YouTube を見ていたのですか？
　　 all night long

□ **10.** あなたはそのとき何をしていましたか？

大人の
英会話
ポイント

2.&10. then は at the/that time と置き換え可能です。**3.** eating は having でも OK。**7.** ずっと繰り返される動作を表しています。**He was coughing all day.** なら「彼は 1 日中せきをしていた」になります。

1. I was cooking pasta.

2. He was watching TV then.

3. They were eating dinner.

4. She was walking her dog.

5. We were waiting in line.
   ウェイリンギン ---------------------- 発音のヒントです

6. I was working at a restaurant two years ago.
   アラ

7. My husband was sneezing all day.

8. It wasn't raining an hour ago.

9. Were you watching YouTube all night long?
   ユー トゥーブ

10. What were you doing then?

There is/are の基本

何ができる？ 「〜がある」「〜がいる」と言える

「〜があります」「〜がいます」と物や人の存在を相手に伝えるときは
There is/are ~ を使います。

< There is/are ＋名詞（主語）.>の形で、「犬が（1匹）います」なら、
There is a dog. となります。a dog がこの文の主語です。主語が複数の場
合は be 動詞を are にします。

犬が1匹います。　　　　犬が3匹います。

There is a dog.　　There are three dogs.

この there に特別な意味はなく、「とあるものがあってね／いてね」と、
相手の知らないことを伝える際の前置きのような働きをします。相手が知ら
ない話題でいきなり文を始めると、相手が混乱してしまいますよね。それを
避けるために、There is/are で始めるのです。

There is/are の文は後ろに場所を表す語句をよく続けます。
There is a coffee shop on the corner.（その角にコーヒーショップ
があります）
過去の情報を表したいときには、be 動詞を過去形にするだけです。
There was a bus stop here.（ここにバス停がありました）
There were many stars in the sky.（空にたくさん星が出ていました）

理解度チェック

以下を赤シートで隠し、日本語に合わせて空欄を埋めて読んでみましょう。音声も確認し、まねして発音してください。

1. 駅の近くにＡＴＭがあります。
There is an ATM near the station.

2. 向こうに病院があります。
There is a hospital over there.

3. 金沢にはお寺がたくさんあります。
There are many temples in Kanazawa.

4. その部屋に何台かノートパソコンがあります。
There are some laptop PCs in the room.

5. パン屋さんに長い列ができていました(ありました)
There was a long line at the bakery.

6. そのコンサートには3000人が集まりました(いました)。
There were 3,000 people at that concert.

1. ATM = automatic teller machine(現金自動預け払い機)。**3.** many は a lot of でも OK。**4.** laptop PC はそのまま日本語にもなっていますが「ノートパソコン」のこと。lap は「座ったときの太ももの部分」を指します。

Lesson_02 | There is/are の基本

以下の日本語を素早く英語にしてください。

※できるだけ短縮形を使いましょう。

☐ **1.** 私の町には公園があります。

☐ **2.** 私の家の近くに書店があります。

☐ **3.** ねえ、玄関に誰かいるよ。
　　　　　door　　someone

☐ **4.** 上野動物園には象が４頭います。

☐ **5.** うちは３人家族です。（私の家族の中には３人います、と考えて）

☐ **6.** 居酒屋がここには何軒かあります。
　　　Japanese-style pub

☐ **7.** 何年も前にここに銀行がありました。
　　　　　years ago

☐ **8.** カリフォルニアで大きな森林火災がありました。
　　　　　　　　　　　　forest fire

☐ **9.** ビーチにはカップルが何組かいました。
　　　　on the beach

☐ **10.** 昨日、渋谷にはたくさんの人がいました。

大人の
英会話
ポイント

1. すでに相手がその公園を知っている場合は、The park is in my town. と言います。 **3.** 正式には the front door。the door でも「玄関」の意味になります。 **7.&10.** 英語では原則、「場所」→「時」の順番に並べ ↗

☐ **1.** There is a park in my town.

☐ **2.** There is a bookstore near my house.

☐ **3.** Hey, there's someone at the door.

☐ **4.** There are four elephants in Ueno Zoo.

☐ **5.** There are three in my family.

☐ **6.** There are some Japanese-style pubs here.
スタィョ

☐ **7.** There was a bank here years ago.

☐ **8.** There was a big forest fire in California.

☐ **9.** There were some couples on the beach.
カポォズ

☐ **10.** There were a lot of people in Shibuya yesterday.

↗ ます。**8.** 事件や事象の発生も表現できます。**10.** a
lot of は many でも可。

There is/are 否定文と疑問文

何ができる？ | 「〜がない」「〜があるか？」と言える

「〜がありません」と否定文にするには、be動詞の後ろに not を入れて、< There is/are + <u>not</u> +名詞（主語）+場所 . >とします。

カウンターの上に鍵はありません。
There isn't a key on the counter.

There isn't は There's not でも OK で、会話ではこちらのほうが好まれます。

「〜がありますか？」と疑問文にするには、be動詞を前に出して、< Is/Are there +名詞（主語）+場所 ？>とします。

カウンターの上に鍵はありますか？
Is there a key on the counter?

疑問文に答える場合には、Yes, there is/are. または No, there isn't/aren't. となります。

Is there a library in your town?（あなたの町に図書館はありますか？）
- Yes, there is.（はい、あります）/ No, there isn't.（いいえ、ありません）

否定文も疑問文も any と一緒に使われることがよくあります。
Are there any libraries in your town?
（あなたの町に図書館はありますか？）※ any は「1 つでも」という意味です。
There aren't any umbrellas in the car.
 = There are no umbrellas in the car.

どちらも「車の中に傘は1つもありません」という意味です。

過去形にするには、**be動詞を過去形に変える**だけです。

理解度チェック

以下を赤シートで隠し、日本語に合わせて空欄を埋めて読んでみましょう。※ is not/are notは短縮形で。音声も確認し、まねして発音してください。

1. この辺りに薬局はありますか？
   Is there a pharmacy around here?

2. 質問はありますか？
   Are there any questions?

3. 横浜には国際空港はありません。
   There isn't an international airport in Yokohama.

4. この階には自動販売機は1つもありません。
   There aren't any vending machines on this floor.

5. 近くにはWi-Fiスポットがありませんでした。
   There were no Wi-Fi spots nearby.

2. 疑問文の any は日本語に訳しません。**4.** There are no に置き換え可能です。**5.** weren't any でも OK。nearby は「すぐ近くに、手近に」という意味の場所を表す副詞です。

以下の日本語を素早く英語にしてください。

☐ **1.** この辺りにコンビニはありますか？

☐ **2.** 近くにガソリンスタンドはありますか？

☐ **3.** このビルにトイレはありますか？

☐ **4.** あなたの町においしいお寿司屋さんはありますか？
　　　　<u>good sushi bar</u>

☐ **5.** AとBの間には差があまりありません。
　　　　<u>difference between A and B</u>　<u>much</u>

☐ **6.** この階に会議室は1つもありません。

☐ **7.** そのイベントにはたくさんの人がいましたか？

☐ **8.** 何か問題はありましたか？

☐ **9.** 映画館にはあまり人がいませんでした。
　　　　　　　　　<u>many</u>

☐ **10.** 間違いは1つもありませんでした。
　　　　<u>mistakes</u>

大人の英会話ポイント

1.&2. どれでもいいので「1つ」をイメージしているため a を使っています。**3.&4.&6.&8.&10.** 1つではなく複数をイメージしているので< any ＋複数名詞>を使っています。**3.** toilet と言うとアメリカでは「便器」を意 ↗

☐ 1. Is there a convenience store around here?

☐ 2. Is there a gas station nearby?

☐ 3. Are there any restrooms in this building?

☐ 4. Are there any good sushi bars in your town?

☐ 5. There isn't much difference between A and B.

☐ 6. There aren't any meeting rooms on this floor.

☐ 7. Were there a lot of people <u>at that</u> event?

アッダッ

☐ 8. Were there any problems?

☐ 9. There weren't many people in the movie theater.

☐ 10. There weren't any <u>mistakes</u>.

ミステイクス

↗ 味します。**5.** A and B は「エイ アン ビー」と and を弱く発音。**6.& 10.** no を使って There are no meeting rooms ...、　There were no mistakes. でも OK。

be going to の基本

何ができる？ | 「〜するつもり」「〜しそう」と言える

未来のことについて **「〜するつもりです」「〜する予定です」と言いたいときは、be going to** が使えます。< be going to ＋動詞の原形>の形で表します。

私は来月、引っ越す予定です。

be動詞は主語に合わせて　動詞は原形！

I am going to move next month.

beは be動詞のことで、主語に合わせて変えてください。

My brother is going to move next month.

Naomi and Joyce are going to move next month.

会話では、I am going to は **I'm** going to と言うのが普通です。くだけた会話では going to は gonna [ゴナ] と縮めて発音されます。

I'm gonna move next month.

また、**このままいけば「〜しそう」「〜になる」**というときにも使えます。空が暗くなっているので「もうすぐ雨が降りそう」という場面なら次のように言います。

It's going to rain soon.

もうすぐ雨が降りそうです。

理解度チェック

以下を赤シートで隠し、日本語に合わせて、空欄を埋めて文を
読んでみましょう。音声も確認し、まねして発音してください。

1. 今週の土曜日は買い物に行く予定です。
   I'm <u>going to</u> go shopping this Saturday.

2. 明日は6時に起きるつもりです。
   I'm <u>going to</u> get up at 6 tomorrow.

3. 佐藤さんは会社をやめる予定です。
   Mr. Sato <u>is going to</u> quit his company.

4. 彼女は保護猫を飼うことになりました。
   She's <u>going to</u> get a shelter cat.

5. もうすぐ雨が降りそうです。
   It's <u>going to</u> rain soon.

6. すべてはうまくいきます。
   Everything <u>is going to</u> be OK.

大人の英会話ポイント

1. go ~ingで「〜しに行く」という意味です。ほかに、go skiing（スキーに行く）、go traveling（旅行に行く）、go drinking（飲みに行く）などがあります。

以下の日本語を素早く英語にしてください。

※代名詞は短縮形を使いましょう。

☐ **1.** 私は来月、スキーに行きます。

☐ **2.** 私は今年の夏、台湾に行く予定です。

☐ **3.** 私は今週末、家にいるつもりです。

☐ **4.** 私の父は今日早く帰る予定です。
<u>go home early</u>

☐ **5.** 彼女は会社をやめるつもりです。

☐ **6.** 彼らは、今日は名古屋に泊まる予定です。
<u>stay</u>

☐ **7.** 私は保護猫を飼うことになりました。

☐ **8.** もうすぐ大雨になりそうです。
<u>rain heavily</u>

☐ **9.** 何かいい事が起こりそうです。
<u>something good</u> <u>happen</u>

☐ **10.** すべてはうまくいきます。心配しないで。

大人の英会話ポイント

1.~7. すでに前から決めていた予定。**8.~10.**「きっとそうなる」「このままいけばそうなる」と思っているとき。
3. be at home は stay home でも OK です。

Lesson 04 | be going toの基本

1. I'm going to go skiing next month.

2. I'm going to go to Taiwan this summer.

3. I'm going to be at home this weekend.
ウィーケン（ドゥ）

4. My father is going to go home early today.

5. She's going to quit her company.

6. They are going to stay in Nagoya today.

7. I'm going to get a shelter cat.

8. It's going to rain heavily soon.

9. Something good is going to happen.

10. Everything is going to be OK. Don't worry.

Lesson_04 ｜ be going toの基本

will の基本

何ができる？ │「〜する」「〜するだろう」と言える

未来のことについて、**今決めて「〜します」、予想して「〜するでしょう」と言いたいときは will** が使えます。< will ＋動詞の原形 > の形で表します。

（今決めて）今晩、電話します。

I will <u>call</u> you tonight.

 動詞は原形！

（予想して）彼は明日戻ってくるでしょう。

<u>He</u> will <u>come</u> back tomorrow.

どんな主語でも動詞は原形！

会話では普通、I will は <u>I'll</u>、He will は <u>He'll</u> と短縮形で使われます。

前レッスンの be going to と will は両方とも未来を表しますが、**すでに決まっている予定や、何らかの兆候を感じ取っていることを表すには be going to、その場で決めた意志や単なる予測を表すには will** が使われます。

 前からの予定

I'm going to go to Kyoto.
私は京都に行く予定です。

 今決めた

I will go to Kyoto.
そうだ、京都に行こう。

理解度チェック

以下を赤シートで隠し、日本語に合わせて空欄を埋めて読んでみましょう。音声も確認し、まねして発音してください。

1. 私が電話に出ます。
I'll answer the phone.

2. ＜注文で＞ 私はオレンジジュースにします。
I'll have an orange juice.

3. (では)私が手伝います。
I'll help you.

4. 私はあなたにあとで(携帯に)メールします。
I'll text you later.

5. 彼はすぐ戻るでしょう。
He'll be back soon.

6. 彼女は素晴らしいマネジャーになるでしょう。
She'll be a great manager.

7. 私はこのメニュー(料理)を食べてみます。
I'll try this dish.

大人の英会話ポイント

1.~4.&7. その場で決めた「意志」。**5.&6.** 未来の「予測」。**2.** 冠詞なしの orange juice も可。最後に , please をつけると当たりが少しやわらかくなります。**4.** later は「あとで」という意味の副詞です。

以下の日本語を素早く英語にしてください。
※代名詞は短縮形を使いましょう。

☐ **1.** ＜注文で＞ 私はエスプレッソにします。

☐ **2.** 明日、（携帯に）メールします。

☐ **3.** ＜電話で＞ あとでかけ直します。
<u>call you back</u>

☐ **4.** 私が彼らを手伝います。

☐ **5.** すぐ戻ります。
<u>be right back</u>

☐ **6.** ＜宅配便がきて＞ 私が出ます。
<u>get it</u>

☐ **7.** 私は明日からダイエットします。
<u>go on a diet</u>

☐ **8.** この果物を食べてみます。

☐ **9.** ケンはいいエンジニアになるでしょう。

☐ **10.** 彼は 15 分後にそちらに着きます。
<u>in 15 minutes</u>

大人の英会話ポイント

1.~8. 今決めて「～します」という意志を表しています。
9.&10. 予想、予測です。**1.** expresso は re を強く読むと通じやすいです。**2.** I'll Line you later. なら「あとで LINE します」の意（LINE を使っている人同士しか ↗

Lesson_05 ｜ will の基本

1. I'll have an espresso, please.
アィョ

2. I'll text you tomorrow.
テキスチュー

3. I'll call you back later.

4. I'll help them.

5. I'll be right back.

6. I'll get it.

7. I'll go on a diet from tomorrow.
ダァィエッ（トゥ）

8. I'll try this fruit.

9. Ken will be a good engineer.

10. He'll be there in 15 minutes.

通じない）。**5.**「すぐに」の意味で right を使っていますが、これは急いで戻るというニュアンスです。I'll be back soon. だとさほど急いでいないニュアンスに。**8.** try には「試しに食べる」の意味があります。

be going to と will の否定文

何ができる？ │ 「〜するつもりはない」「〜しない」と言える

「〜するつもりはありません」「〜する予定はありません」と言いたいときは、be going to の be動詞の後ろに not をつけ、< be動詞 + not + going to +動詞の原形>とします。

私は車を買うつもりはありません。

notをbe動詞の後ろに入れるだけ！

I am not going to buy a car.

会話では、短縮形の I'm not going to 〜がよく使われます。

高い確率で「〜しないでしょう」と言いたいときは、will の後ろに not をつけ、< will + not +動詞の原形>とします。

彼らは私たちに合流しないでしょう。

willの後ろにnotを入れるだけ！

They will not join us.

会話では短縮形の They won't join us. がよく使われます。

理解度チェック

以下を赤シートで隠し、日本語に合うよう空欄を埋めて読んでみましょう。音声も確認し、まねして発音してください。

1. 私はここで食べるつもりはありません。
   I'm not going to eat here.

2. 私たちはしばらく彼女に会う予定はありません。
   We're not going to see her for a while.

3. 私はその質問に答えるつもりはありません。
   I'm not going to answer the question.

4. 彼女は来週、出勤しないでしょう。
   She won't go to work next week.

5. 私は二度とここには来ません。
   I won't come here again.

6. 明日は、暴風雨にならないでしょう。
   It won't be stormy tomorrow.

7. それは二度と起こらないでしょう。
   It won't happen again.

5. 話し手の強い「意志」が感じられます。**6.** stormyは「嵐の、暴風雨の」。**7.** かなり確信度の高い予測です。また、何か失敗したときの「以後、気をつけます」という意味でも使えます。

以下の日本語を素早く英語にしてください。

※短縮形を使いましょう。

☐ **1.** 私は、今日は出かけるつもりはありません。

☐ **2.** 私は飲みに行くつもりはありません。

☐ **3.** 彼は両親と一緒に住むつもりはありません。

☐ **4.** 私たちはしばらく彼に会う予定はありません。

☐ **5.** 私は、今日は何も買うつもりはありません。

☐ **6.** （私はそれを）二度としません。

☐ **7.** 私たちは明日の会議に参加しません。
　　　　　　　　　　　　　~~~~~~~
　　　　　　　　　　　　　attend

☐ **8.** 彼は、今月は忙しくないでしょう。

☐ **9.** 私の夫は、今夜は遅くならないでしょう。

☐ **10.** 明日は蒸し暑くないでしょう。
　　　　　~~~~~~
　　　　　hot and humid

大人の英会話ポイント

2. go for a drink（一杯飲みに行く）とも言えます。**6.&7.** 話し手の強い「意志」を表します。**8.~10.** 高い確率でそうなると話し手が思っています。be動詞の場合は原形の be になります。**6.** again はアゲーンでは ↗

1. I'm not going to go out today.

2. I'm not going to go drinking.

3. He's not going to live with his parents.

4. We're not going to see him for a while.

5. I'm not going to buy anything today.

6. I won't do it again.

7. We won't attend the meeting tomorrow.

8. He won't be busy this month.

9. My husband won't be late tonight.

10. It won't be hot and humid tomorrow.

Lesson_06 ｜ be going toとwillの否定文

なく「アゲィン」とィを発音してください。**7. will not**
の短縮形 **won't** は、oは「オゥ」のように2つの音が
はっきり聞こえるように発音します。「ウォント」のよう
に発音すると want に聞こえてしまいます。

be going to と will の疑問文

何ができる？ ｜「～するつもり？」「～するか？」と聞ける

「～するつもりですか？」「～する予定ですか？」と尋ねたいときは、be going to の be動詞と主語の位置を入れ替えます。

She <u>is</u> going to visit South Korea.

 *be動詞を前に出す！*

Is she going to visit
South Korea?

彼女は韓国を訪れる予定ですか？

答えは、Yes, she <u>is</u>. / No, she <u>isn't</u>. となります。

「～しますか？」「～ですか？」と聞きたいときは、主語と will の位置を入れ替えます。

The game <u>will</u> end at 6.

 *willを前に出す！*

Will the game end at 6?

その試合は6時に終わりますか？

答えは、Yes, it <u>will</u>. / No, it <u>won't</u> (will not). となります。

理解度チェック

以下を赤シートで隠し、日本語に合うように空欄を埋めて読んでみましょう。音声も確認し、まねして発音してください。

1. あなたは新しい財布を買うつもりですか？
Are you going to buy a new wallet?

2. 彼女は買い物に行く予定ですか？
Is she going to go shopping?

3. ホワイトさんは来週旅行の予定ですか？
Is Mr. White **going to** travel next week?

4. あなたは明日リサに会いますか？
Will you see Risa tomorrow?

5. 今週末雪が降るでしょうか？
Will it snow this weekend?

6. あなたは私の誕生パーティーに来てくれますか？
Will you **come** to my birthday party?

大人の英会話ポイント

1.~3. 以前から決めていたというニュアンス。**4.** 相手の意志を問う感じ。**5.** 単なる予測。**6.** Will you ~? は相手の「意志」を問うことから「依頼」や「指示」の意味になることがよくあります。

以下の日本語を素早く英語にしてください。

□ **1.** あなたは明日、<u>出社する</u>つもりですか？
　　　　　　　　　go to work

□ **2.** 彼女は<u>在宅勤務をする</u>予定ですか？
　　　　　　work from home

□ **3.** あなたは新宿へ買い物に行くつもりですか？

□ **4.** あなたたちは<u>近々</u>彼女に会う予定ですか？
　　　　　　　　soon

□ **5.** あなたは<u>１日中</u>家にいるつもりですか？
　　　　　　　　all day

□ **6.** 彼は新しいジャケットを買うつもりですか？

□ **7.** ピーターは今月、忙しくなりますか？

□ **8.** 来週は<u>雨が多い</u>でしょうか？
　　　　　　rain a lot

□ **9.** その便（フライト）は<u>予定通りに</u>到着しますか？
　　　　　　　　　on time

□ **10.** （プロポーズの言葉）私と結婚してくれますか？

大人の
英会話
ポイント

1.~6. 前から決めていたというニュアンス。**3.** in Shinjuku の前置詞は、新宿という地区内での買い物ということなので、to ではないことに注意。**10.** 「依頼」というより、強い「お願い」に近いです。　↗

☐ **1.** Are you going to go to work tomorrow?

☐ **2.** Is she going to work from home?

☐ **3.** Are you going to go shopping in Shinjuku?

☐ **4.** Are you going to see her soon?

☐ **5.** Are you going to stay home all day?

☐ **6.** Is he going to buy a new jacket?

☐ **7.** Will Peter be busy this month?

☐ **8.** <u>Will it</u> rain a lot next week?
ウィリッ_

☐ **9.** Will the flight arrive on time?

☐ **10.** Will you marry me?

↗ ※発音のヒントの「_」は音をためてほぼ発音しないことを意味します。

be going to と will の違い

　未来といえば be going to と will ですね。皆さんも学校で、will = be going to と習ったと思いますが、この 2 つの役割は少し異なります。

前から決まっているか、その場で決めたか

　その違いを visit Kyoto（京都を訪れる）を使って説明してみましょう。

　① I'm going to visit Kyoto.（京都を訪れる予定です）
　② I will visit Kyoto.（京都を訪れます／訪れるでしょう）

　①は visit Kyoto（京都を訪れる）という方向に going to、つまり、向かっていてその途中にいる、ということから、**主語の「私」が、前から訪れると決めていて、「そうするつもり」という感覚**です。英文を見ると、I から visit まで距離がありますね。実際に訪問するまでまだ心理的にいくぶん余裕が感じられます。

　一方②は、will がもともと「意志」を表すことから、**その場で「よし、京都に行くぞ」「そうだ、京都に行こう」と決めた場合**や、**「予測」として「私は京都に行くでしょう」と、主語の「私」がきっとそうなると思っている**場合に使います。

このように be going to は「前から決めていたこと」、will は「その場で決めたこと」や「確実にそうなると思っていること」を表すという違いがあります。

現在進行形も未来を表す？

　ところで、中1で習った現在進行形も未来を表すことができます。こちらも visit Kyoto で比べてみましょう。

　I'm visiting Kyoto.（京都を訪れることになっています）

　この場合は、**すでに具体的な行動に入っていて、手配もほとんどできているような状態**です。出発までかなり近い感じになります。英文を見ると I のすぐあとに visiting Kyoto が来ていますね。つまり、それだけ出発に近づいているわけで、列車のチケット購入、ホテル予約などかなり具体的な行動に移し、手はずが整っている状態を表します。心理的な切迫感が be going to や will とは違うわけです。学校ではこれを「近接未来」と教わります。

　ただし、言葉というのはなかなか理屈どおりにきれいに区分けできるものではなく、**実際は be going to の使用範囲が広く、本来は will の領域であった「その場で決めたこと」や「近接未来」で使う人もいます**。その場合は文脈から判断できます。発音しやす（会話では I'm gonna となる）く、どこか庶民的なので、好まれるのかもしれません。今後、映画やドラマを見るときは、be going to の万能さに注目してみてください。

Lesson 08

疑問詞を使った未来の疑問文

何ができる？ ｜ さまざまな疑問詞で聞ける

未来のことについて尋ねるときに、疑問詞を用いて尋ねることもできます。

疑問詞は文の先頭に置き、後ろに未来形の疑問文を続けます。
疑問詞で始まる文は、**文末を下がり調子で発音**します。

What <u>are you going to do</u> this weekend? ↘

あなたは今週末、何をする予定ですか？

– I'm going to go see a movie.

映画を見に行く予定です。

go see は go and see（見に行く）の省略形です。

When <u>will you finish this job?</u> ↘

あなたはこの仕事をいつ終えますか？

– I'll finish it next Tuesday.

次の火曜日に終えます。

　疑問詞が文の主語になる場合は、次のようにすぐ後ろに「動詞」や「助動詞＋動詞」がきます。

　What <u>will happen</u> next?（次に何が起こるでしょう？）

理解度チェック

以下を赤シートで隠し、日本語に合うように空欄を埋めて読んでみましょう。音声も確認し、まねして発音してください。

1. あなたは何時に出発する予定ですか？
What time are you going to leave?

2. 誰がスピーチをする予定ですか？
Who is going to make a speech?

3. 彼女はいつ会社をやめるつもりですか？
When is she going to quit her company?

4. 彼女はいつ戻りますか？
When will she be back?

5. 彼は来週の金曜日にはどこにいますか？
Where will he be next Friday?

6. どれくらい長くなりそうですか？
How long will it be?

6. 待たされそうなときに「どれくらい時間がかかりますか?」と聞く、定番表現です。

さあ、クイックレスポンス！

17

以下の日本語を素早く英語にしてください。

- [ ] **1.** あなたはこの休日に何をする予定ですか？
  this holiday

- [ ] **2.** 彼は何時にオフィスを出発する予定ですか？

- [ ] **3.** あなたはそのパーティーに何を着ていくつもりですか？

- [ ] **4.** 彼はいつ家に戻るのでしょうか？

- [ ] **5.** 私はいつまたあなたと会えますか？

- [ ] **6.** 東京ではどこに泊まる予定ですか？

- [ ] **7.** あなたはクリスマスの日はどこにいますか？

- [ ] **8.** 彼は来月、何歳になりますか？

- [ ] **9.** 彼女はシドニーにどれくらい滞在する予定ですか？

- [ ] **10.** 誰が選挙に勝つでしょうか？
  win the election

大人の英会話ポイント **1.** 前置詞は限定を表す on に。また、「3連休」なら three-day holiday です。この場合 days ではないので注意しましょう。**10.** 疑問詞が文の主語になる場合です。

1. What are you going to do on this holiday?
ワラユー

2. What time is he going to leave the office?

3. What are you going to wear to the party?
パーリィ

4. When will he be back home?

5. When will I see you again?

6. Where are you going to stay in Tokyo?

7. Where will you be on Christmas Day?

8. How old will he be next month?

9. How long is she going to stay in Sydney?

10. Who will win the election?

時制のまとめ

何ができる？ | 時制を自由に使いこなせる

　ここまでで、英文の現在形・現在進行形・過去形・未来形の 4 つが出そろいました（これらをまとめて「時制」と言います）。そこで、あらためて、英文をつくるときにこの 4 つの時制が使いこなせるかを確認してみましょう。

　以下の日本語を英語に変えてみてください。

① 私はミステリーを読みます。
② 私は今、ミステリーを読んでいます。
③ 私は昨日、ミステリーを読みました。
④ 私は来週、このミステリーを読むつもりです。

　どの文も、「誰が？（主語）」は I、「どうする？（動詞）」は read、「何を？（目的語）」は mystery です。では、順番に見ていきましょう。

①は「**普段のこと**」なので、現在形ですね。

　I read mysteries.　※ 1 冊だけではないので mystery は複数形

②は「読んでいる**最中**」なので、現在進行形です。

　I'm reading a mystery now.　※今読んでいるのは 1 冊なので単数形

③は「**過去のこと**」なので、過去形。

　I read a mystery yesterday.　※発音注意。「ゥレッド」

④は未来のこと、「**予定・計画**」なので、be going to を使います。

　I'm going to read this mystery next week.

　いかがでしょうか？　あとは主語、動詞、目的語などを入れ替えればさまざまな文が作れます。そして、もう、あなたはこれらの否定文も疑問文もできますよね？　理解度チェックやクイックレスポンスでさらに確認してみましょう。

理解度チェック

以下を赤シートで隠し、日本語に合わせて空欄を埋めて読んでみましょう。音声も確認し、まねして声に出してみましょう。

1. 私は6時に起きます。

I get up at 6.

2. 私は6時に起きました。

I got up at 6.

3. 私は6時に起きるつもりです。

I'm going to get up at 6.

4. 今、雨が降っています。

It's raining now.

5. さっき、雨が降っていました。

It was raining a while ago.

6. 私は商社で働いています。

I work for a trading company.

7. 私は出版社で働く予定です。

I'm going to work for a publishing company.

5. a while ago で「しばらく前、先ほど」。**6.**「働いています」という日本語につられて現在進行形にした人もいるかもしれませんが、過去・現在・未来にわたって働いているという「状態」、普段のことを表すときは現在形にします。（『中1英語をおさらいして話せるようになる本』p. 140 参照）。

さあ、クイックレスポンス！

19

以下の日本語を素早く英語にしてください。

- [ ] **1.** 私は毎日、ヨーグルトを食べています。

- [ ] **2.** 私は今、ヨーグルトを食べています。

- [ ] **3.** 私は昨日、ヨーグルトを食べました。

- [ ] **4.** 私は今晩、ヨーグルトを食べるつもりです。

- [ ] **5.** 私は1時間後に戻ります。
  in an hour

- [ ] **6.** 彼はすぐに戻るでしょう。

- [ ] **7.** 彼は1時間前に戻っています（戻りました）。

- [ ] **8.** あなたは普段、休みの日に何をしていますか？
  on your day off

- [ ] **9.** あなたは明日、何をしていますか？

- [ ] **10.** あなたは去年この仕事をしましたか？

大人の英会話ポイント

7.～10. 日本語では普段のことも過去のことも未来のことも「〜しています」で表すことがありますね。ここでは、わざとそういった言葉遣いをしているので、日本語に惑わされずに、時制をよく考えてから英語に変換し ↗

1. I eat yogurt every day.
   ヨーグゥ（トゥ）

2. I'm eating yogurt now.

3. I ate yogurt yesterday.

4. I'm going to eat yogurt tonight.

5. I'll be back in an hour.
   イナナワー

6. He'll be back soon.

7. He was back an hour ago.

8. What do you usually do on your day off?

9. What are you going to do tomorrow?

10. Did you do this job last year?
    ディヂュー　　　　　　　ラァスチュア

↗ ましょう。

Lesson 01 〜 09 からランダムに 10 文、選び出しました。
以下の日本語を素早く英語にしてください。

☐ **1.** 私たちは列に並んで待っているところでした。

☐ **2.** カリフォルニアで大きな森林火災がありました。

☐ **3.** あなたの町においしいお寿司屋さんはありますか？

☐ **4.** 私は今週末、家にいるつもりです。

☐ **5.** もうすぐ大雨になりそうです。

☐ **6.** すぐ戻ります。

☐ **7.** 私たちはしばらく彼に会う予定はありません。

☐ **8.** （私はそれを）二度としません。

☐ **9.** 彼女は在宅勤務の予定ですか？

☐ **10.** あなたはこの休日に何をする予定ですか？

☐ **1.** We were waiting in line. (p. 015)

☐ **2.** There was a big forest fire in California. (p. 019)

☐ **3.** Are there any good sushi bars in your town? (p. 023)

☐ **4.** I'm going to be at home this weekend. (p. 027)

☐ **5.** It's going to rain heavily soon. (p. 027)

☐ **6.** I'll be right back. (p. 031)

☐ **7.** We're not going to see him for a while. (p. 035)

☐ **8.** I won't do it again. (p. 035)

☐ **9.** Is she going to work from home? (p. 039)

☐ **10.** What are you going to do on this holiday? (p. 045)

> どうでしたか？　素早く英語に変換できましたか？
> うまく変換できない苦手な文法があったら、
> 当該ページに戻って復習してください。

give ＋人＋物

何ができる？ ｜ 「(人) に (物) をあげる」 と言える

「私は彼女にあげた」 は I gave her.、「私は贈り物をあげた」 は I gave a gift.。いずれも情報不足な感じがしますね。では「私は彼女に贈り物をあげた」 は？ I gave her a gift. と表します。gave（あげた）→ her（人に）→ a gift（物・ことを）の順番で並べてください。

このgiveのように、動詞（動作）の対象（＝目的語）を２つ続けることができる便利な動詞がいくつかあります。これらはいずれも**人に何か（物や情報など）を「あげる」または「してあげる」**というパターンになります。

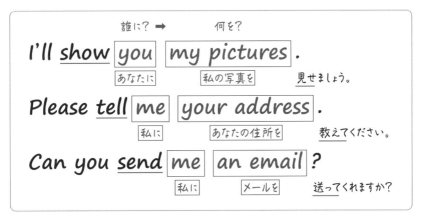

ほかにも、ask（尋ねる）、buy（買う）、teach（教える）が同じように使えます。

なお、これらは、動詞の後ろに目的語（O）を２つ持つ SVOO（第4文型）という形ですが、無理して覚える必要はありません。クイックレスポンスで「型」を体に染み込ませてください。

理解度チェック

以下を赤シートで隠し、日本語に合うよう空欄を埋めて読んでみましょう。音声も確認し、まねして発音してください。

1. ケンは母親にプレゼントを渡しました。
   Ken gave his mother a present.

2. 私の新しいiPadを見せてあげます。
   I'll show you my new iPad.

3. 妹が秘密を教えてくれました。
   My sister told me a secret.

4. 質問していいですか？
   Can I ask you a question?

5. 私に資料を送ってもらえますか？
   Can you send me the materials?

6. お父さんが私に英語を教えてくれました。
   My father taught me English.

Lesson_10 | give＋人＋物

3.「妹」は本来 younger sister ですが英語では文化的に区別せずに使います。younger は young の比較級です（p. 110 参照）。**5.** materials の代わりに documents でも OK。

以下の日本語を素早く英語にしてください。

☐ **1.** 彼女は私に素敵なスカーフをくれました。

☐ **2.** 私にいくつかアドバイスをもらえませんか？

☐ **3.** 別のものを見せてくれますか？
　　　　　　another one

☐ **4.** 私にあなたのメールアドレスを教えてください。

☐ **5.** サムはいつも私たちに面白い冗談を言います。
　　　　　　　　　　　　funny jokes

☐ **6.** あなたにいくつか質問をしていいですか？

☐ **7.** その荷物を彼に送ってください。
　　　　　　package

☐ **8.** こつを教えてあげましょう。
　　　　　the trick

☐ **9.** 私は弟に風邪をうつされました。（弟が私に風邪を与えた、と考えて）

☐ **10.** 彼は私をハグしてくれました。（彼が私にハグをくれた、と考えて）
　　　　　　　　hug

大人の英会話ポイント

2. advice は数えられない名詞です。**3.** 買い物などで「ほかに何個かあってそのうちのどれかを見せてほしい」場合の表現。**4.** tell は「情報」を教えること。**8.** 「こつ」は trick のほかに secret が使えます。teach は「知 ↗

□ **1.** She gave me a nice scarf.

□ **2.** Can you give me some advice?
キャニュー　ギミー

□ **3.** Can you show me another one?

□ **4.** Please tell me your email address.

□ **5.** Sam always tells us funny jokes.

□ **6.** Can I ask you some questions?
キャナイ　アスキュー

□ **7.** Please send him the package.

□ **8.** I'll teach you the trick.

□ **9.** My brother gave me a cold.

□ **10.** He gave me a hug.

↗ 恵や技術」を教えることです。**10.** give＋人＋a hugで「人をハグする、抱きしめる」。give＋人＋fiveなら「人とハイタッチをする」。fiveは5本指、つまり片手のことです。

Lesson 11

call＋人＋説明

何ができる？ ｜ 「(人) を〜と呼ぶ」 と言える

「人々は彼をオータニさんと呼びます」と言いたいときは、People call him Otani-san. とします。call (呼ぶ) → him (人・物を) → Otani-san (人・物の説明) の順番です。

前レッスンの＜ give ＋人＋物＞とは違って、**人＝説明の関係**になっています。

同じパターンで、make (〜にする) を使って以下の表現もできます。

me (私を) happy (幸せ [の状態]) にするということで、me=happy、つまり、I am happy. という状態を作り出す (make) という形です。

call と make のほかに、find (わかる、思う)、keep (保つ)、leave (放っておく) も同じパターンで使えます。

なお、これらは、動詞の後ろに目的語 (O) とその目的語の状態を説明する補語 (C) を持つ SVOC (第 5 文型) という形ですが、無理して覚える必要はありません。クイックレスポンスで「型」を体に染み込ませてください。

理解度チェック

以下を赤シートで隠し、日本語に合うよう空欄を埋めて読んでみ
ましょう。音声も確認し、まねして発音してください。

1. 私のことをヤスと呼んでください。
   Please <u>call</u> me Yasu.

2. 彼女の笑顔は私たちを幸せにしました。
   Her smile <u>made</u> us happy.

3. 何が彼を怒らせたのですか？
   What <u>made</u> him angry?

4. 私たちはそれが難しいとわかりました。
   We <u>found</u> it difficult.

5. その窓は開けたままにしておいてください。
   Please <u>keep</u> the window open.

6. それを放っておいてください。
   Please <u>leave</u> it alone.

大人の英会話ポイント 2. make が「us = happy」つまり We are happy. という状態を作り出すということ。6. leave ~ alone で「~を放っておく」という意味で、~が人なら「一人にしておく」という意味にもなります。

Lesson 11 ｜ call＋人＋説明

以下の日本語を素早く英語にしてください。

☐ **1.** 私のことはカナと呼んでください。

☐ **2.** 人々は彼のことを the King of Pop と呼んでいます。

☐ **3.** 彼の笑顔は私を幸せにしました。

☐ **4.** その知らせで私たちは悲しくなりました。

☐ **5.** 何があなたを不安にするのですか？
　　　　 uneasy

☐ **6.** その匂いをかぐと、すごくお腹が空きます。

☐ **7.** 彼女はいつも部屋をきれいにしています。

☐ **8.** そのドアは開けたままにしておいてください。

☐ **9.** 一人にしてください（私を放っておいてください）。

☐ **10.** 私はそれが簡単だとわかりました。

大人の英会話ポイント

5.~7. 3単現の s を忘れずに。**5.** 疑問詞が主語になっているケースです。**9.** これは「ほっといてくれ」という、かなりカジュアルな表現で、いらいらしているときにも使われます。**10.** find の過去形は found。この場合 ↗

☐ **1.** Please call me Kana.

☐ **2.** People call him the King of Pop.

☐ **3.** His smile made me happy.

☐ **4.** The news made us sad.

☐ **5.** What makes you uneasy?

☐ **6.** That smell makes me so hungry.

☐ **7.** She always keeps her room clean.

☐ **8.** Please keep the door open.

☐ **9.** Leave me alone.

☐ **10.** I found it easy.

↗ は「見つける」というよりは「わかる、気づく」という
意味になります。

接続詞 when

| 何ができる？ | 「いつ？」という情報を足すことができる。 |

「私はテレビを見ていました」という文に、「私の妻が帰ってきたときに」という「**いつ？**」**という情報を足したいときに** when を使います。

I was watching TV
when my wife came home.

私はテレビを見ていました、 妻が帰ってきたときに。

　上の訳は、英語の思考の流れに合わせて、あえてこなれた日本語にしていません。

　この when は疑問詞ではなく、**文と文をつなげる役割を持つ接続詞**です。whenの後ろは、疑問文の語順ではなく、普通の文の語順（主語→動詞→目的語や副詞、前置詞のかたまりなど）が続きます。

　when以下を文の先頭に持ってくることもできます。その際はカンマ (,) をつけます。その場合は、妻が帰ってきたときに何をしていたか、相手が知らない場合に使われます。

When my wife came home,
I was watching TV.

妻が帰ってきたとき、私はテレビを見ていました。

　なお、when ~ は未来のことを話す際に「～したら」「～すると」という「条件」を表す場合があります。その際は、whenの後ろの文は現在形になります。「未来」よりも「条件」を設定するという感覚が強く働くからです。

I'll call you when I get home.

電話します、家に着いたら。(家に着いたら電話します)

理解度チェック

以下を赤シートで隠し、日本語に合うように空欄を埋めて読んでみましょう。音声も確認し、まねして発音してください。

1. 私の家族はニューヨークに住んでいました、私が若い頃。
   My family lived in New York <u>when</u> I was young.

2. 彼はお風呂に入っていました、私が彼を訪ねたときに。
   He was taking a bath <u>when</u> I <u>visited</u> him.

3. 彼女は起きると、ストレッチをします。
   <u>When she gets up</u>, she stretches.

4. 晴れていました、私が洗濯をしたときは。
   It was sunny <u>when</u> I did my laundry.

5. 電話してくだい、このメッセージを受け取ったら。
   Please call me <u>when you</u> receive this message.

2. 動作の最中だったので過去進行形になります。4. do one's laundry で「洗濯をする」。5.「〜したら」と条件を表すときは、when you <u>receive</u> ~のように、これからのことでも when のあとの動詞は**現在形**に。

以下の日本語を素早く英語にしてください。

☐ **1.** ジュンはロンドンに住んでいました、彼が若いころに。

☐ **2.** 私たちは夕食を食べていました、電話が鳴ったときに。

☐ **3.** 私は起きると、ストレッチをします。

☐ **4.** 私は貧乏でした。大学生のときは。

☐ **5.** この歌を聞くと、いつも眠くなります。
  get sleepy

☐ **6.** 私はとてもワクワクします。サッカーの試合を見ているときは。
  get really excited

☐ **7.** 彼は陽気になります。彼が飲んだときは。
  get happy

☐ **8.** 私はあなたにメールします、私が戻ったら。

☐ **9.** 私に知らせてください。あなたが家に着いたら。
  let me know

☐ **10.** 電話いたします。それが入荷したら。
  （私たちはあなたに電話します。それが到着したとき。と考えて）

大人の
英会話
ポイント

5.~7. ＜get＋形容詞＞で「（形容詞の状態）になる」という意味です。**8.~10.** このように「～したら」にもwhenが使えます。その際、後ろの動詞は現在形に。(p. 061「理解度チェック」の5.参照) **9.** let me ↗

1. Jun lived in London when he was young.

2. We were having dinner when the phone rang.

3. When I get up, I stretch.
   ゲラップ

4. I was poor when I was a college student.

5. When I listen to this song, I always get sleepy.

6. I get really excited when I'm watching soccer games.

7. He gets happy when he drinks.

8. I'll email you when I come back.

9. Please let me know when you get home.

10. We'll call you when it arrives.

Lesson. 12 ｜ 接続詞 when

↗ know は「(私に) 知らせてください、教えてください」という決まり文句。<let ＋人＋ know>で「人に知らせる」という意味です。

接続詞 if と because

何ができる？ | 「もし〜ならば」「〜なので」を足すことができる

接続詞 when は「いつ？」という内容を足せましたが、「もし〜ならば」という「条件」なら if を、「〜なので、〜のために」という「原因・理由」なら <u>because</u> を使って情報を足すことができます。

【条件を足したい】

もしお腹が空いているならば、サンドイッチを作ります。

I'll make sandwiches if you are hungry .

---

if の文は条件設定が目的なので、when と同様、**これからのことであっても確定的なことを表す現在形の文**にします。

また、下線部の部分を文の先頭に持ってくることもできます。

If <u>you are hungry,</u> I'll make sandwiches.

【理由を足したい】

雨が降ったので、私たちはキャンプに行きませんでした。

We didn't go camping because it rained .

---

because は上の文のように「原因と結果」の因果関係がはっきりしているときに使います。

また、会話では because の文だけを使うこともできます。

You look so sleepy. Why's that?（とても眠そうだね。どうして？）

- Because I got up at 5 this morning.（今朝 5 時に起きたからです）

理解度チェック

以下を赤シートで隠し、日本語に合わせて空欄を埋めて読んでみましょう。音声も確認し、まねして発音してください。

1. もし私に時間があれば、あとで合流します。
If I have time, I'll join you later.

2. 私に知らせてください、もし体調がよくないなら。
Please let me know <u>if</u> you don't feel well.

3. もし明日雨でなければ、ビーチに行きましょう。
<u>If</u> it doesn't rain tomorrow, let's go to the beach.

4. 彼は家にいました、熱があったので。
He stayed home <u>because</u> he had a fever.

5. 私は会社に遅刻しました、電車が遅れていたので。
I was late for work <u>because</u> the train was behind schedule.

6. 私は早く起きました、会議があったので。
I got up early <u>because</u> I had a meeting.

2．If you don't feel well, please let me know. でも可。5. behind schedule は「予定より遅れて」の意。

以下の日本語を素早く英語にしてください。

☐ **1.** もしあなたに時間があれば、私たち今話せますか？

☐ **2.** 私に知らせてください、もし質問があれば。

☐ **3.** もし明日雨が降ったら、買い物に行くのはやめましょう。

☐ **4.** もしあなたがお腹が空いていないなら、<u>お昼は抜きましょ</u>
う。
skip lunch

☐ **5.** もし<u>気が向いたら</u>、行きます。
I feel like it

☐ **6.** 私は家にいました、風邪を引いていたので。

☐ **7.** 私は会社に遅刻しました、<u>電車に乗り遅れたので。</u>
missed

☐ **8.** 私たちは外出しました、天気がよかったので。

☐ **9.** なぜあなたは魚が好きなのですか？
なぜなら健康にいいからです。

☐ **10.** なぜあなたは<u>１日休んだ</u>のですか？
take a day off
なぜならひどい頭痛だったからです。

5.「気が向く」は英語では「そのような気分である」と
表現します。feel like ~ で「～したい気分である」と
いうことです。**6.~8.&10.** 過去の話なので過去形にし
ましょう。**6.** stayed <u>at</u> home でも同じです。**9.** 返答 ↗

1. If you have time, can we talk now?

2. Please let me know if you have any questions.

3. If it rains tomorrow, let's not go shopping.

4. If you're not hungry, let's skip lunch.

5. If I feel like it, I'll go.
   イファイ　　　ライキッ（トゥ）

6. I stayed home because I had a cold.

7. I was late for work because I missed the train.

8. We went out because the weather was nice.

9. Why do you like fish?
   – Because it's good for your health.

10. Why did you take a day off?
    – Because I had a bad headache.

↗ の your は、話し手を含む人一般を表しています。my にすると主に自分のことになります。

Lesson **14**

接続詞 that

何ができる？ ｜ 思っている・知っている「内容」を表せる

「私は、このスープはおいしいと思います」と言いたいときは、I think（**私は思います）で始めて、その後に接続詞のthat＋文(～ということ)を使って、**that this soup is good（**このスープがおいしいということ）を続けます。**that以下の文が、I think（私が思っている）の内容を表しています。

私は、このスープはおいしいと思います。

I think that this soup is good.

思っている内容

私は、ティムが面白い人であることを知っています。

I know that Tim is funny.

知っている内容

接続詞の thatは、「あれ」という意味の代名詞 thatとは別ものです。

通常、**会話では以下のように thatは省略され**ます。省略しても文の意味は変わりません。あえて言うと堅い響きになります。

I think this soup is good.

I know Tim is funny.

接続詞 thatが使われるほかの例に、hope that ~（**～ということを望みます、～だといいのですが**）や hear that ~（**～だと聞きます、～だそうです**）があり、いずれも会話で頻繁に使われます。

理解度チェック

以下を赤シートで隠し、日本語に合わせて空欄を埋めて読んでみましょう。音声も確認し、まねして発音してください。

1. 私は、あなたが正しいと思います。
I think that you are right.

2. 私は、明日は曇りだと思います。
I think that it will be cloudy tomorrow.

3. 私は、あなたがとても疲れていることを知っています。
I know that you're really tired.

4. あなたは、アンナがNetflixにはまっていることを知っていましたか？
Did you know that Anna is into Netflix?

5. あなたがそれを気に入ってくれるといいんですが。
I hope that you will like it.

6. 山田さんは、退職したそうです。
I heard that Mr. Yamada left the company.

4. be into ~で「～にはまっている」。**5.** 人に贈り物を手渡すときの「つまらないものですが」に相当。I hope you'll like it. とよく省略されます。**6.** 会話では I heard that ~（～だそうだ、～と聞いた）のように過去形のほうが多く使われます。**6.** left は quit でも可。

以下の日本語を素早く英語にしてください。

※ that を省略して言ってみましょう。

1. 私は、彼らは正しいと思います。

2. 私は彼が昨日、忙しかったと思います。

3. 私たちは、それは不可能だと思います。
impossible

4. 私は、あなたがそれをできることを知っています。

5. 彼は、私が甘いもの好きだということを知っています。

6. 私は、ジェーンが韓国の歌手にはまっていることを知っています。

7. 明日は風が強くならないといいんですが。
windy

8. 私たちは、わが社がもっと人を雇ってくれることを望みます。
hire more people

9. あなたは昇進したそうですね。
got a promotion

10. ユウコは人見知りだと聞きました。
shy

大人の英会話ポイント

1.～3. より自信がないときは、guess ~（～だと思う）を使います。**3.**「不可能」を控えめに言いたければ、We don't think it's possible.（可能だとは思いません）。**4.** 相手を励ますときの決まり文句。**10.** 文法的 ↗

1. I think they are right.

2. I think he was busy yesterday.

3. We think it's impossible.

4. I know you can do it.

5. He knows I like sweets.

6. I know Jane is into Korean singers.

7. I hope it won't be windy tomorrow.
ホゥプ

8. We hope our company will hire more people.

9. I heard you got a promotion.

10. I heard Yuko is shy.

↗ には heard が過去形なので、Yuko was が正しい（時制の一致と言います）ですが、話者が今もそう思っているという気持ちがあるときは、このように現在形が使われれます。

助動詞 can、could、may

何ができる？ | 「〜してくれる？」「してもいい？」と聞ける

相手に可能かどうかを尋ねることで「〜してくれますか」と依頼をするときは、① Can you ~?と② Could you ~?という表現が定番です。could は canの過去形ですが、この場合は過去を表すのではありません。過去形にすると気持ちの上で「距離」が生まれ、間接的になり、その分ていねいになるのです。

①【カジュアル、親しい間柄で】
Can you help me? 手伝ってくれる？
– OK! いいよ!

②【フォーマル、ていねい】
Could you help me? 手伝っていただけますか？
– Sure. もちろんです。

相手に「〜してもいいですか」と許可を求めるときには、① Can I ~? / Could I ~?と、② May I ~?という表現があります。前者は「可能性」を後者は「権限」を表します。特に、May I ~? は役職や立場が上の人を意識しているときなどによく使われます。

①【可能性】
Can I use this computer? このパソコンを使ってもいい？
– Of course. もちろん。

②【権限】
May I use this computer? このパソコンを使ってもよろしいですか？
– Go ahead. どうぞ。

それぞれの答え方は、次のようになります。

依頼を引き受けるとき、または許可を与えるとき

もちろん。 → Of course.（当たり前感あり）/ Sure.

いいですよ。 → No problem. / OK.

どうぞ。 → Go ahead. 喜んで。 → My pleasure.

依頼を断るとき

ごめんなさい、～ → I'm sorry, but ~（理由）

理解度チェック

以下を赤シートで隠し、日本語に合うよう空欄を埋めて読んでみましょう。音声も確認し、まねして発音してください。

1. 明日ここに来てくれる？
   Can you come here tomorrow?

2. いくつかご助言をいただけないでしょうか。
   Could you give me some advice?

3. 紙ナプキンを何枚かもらえますか？
   Can I have some paper napkins?

4. 身分証明書を拝見してもよろしいですか？
   Could I see your ID?

5. 入室してもよろしいですか？
   May I come in?

大人の英会話ポイント

2. advice は数えられないので advices としません。**3.** Can I ~? を使うと気さくでフレンドリーなニュアンスになります。**4.** ID=identification の略。

さあ、クイックレスポンス！

32

以下の日本語を素早く英語にしてください。

☐ **1.** ドアを閉めてくれる？　いいですよ。

☐ **2.** 塩を<u>とって</u>くれる？　<u>はい、どうぞ。</u>
pass　　　　　Here you are.

☐ **3.** あなたの電話番号をいただけないでしょうか？

☐ **4.** <u>タクシー</u>を呼んでいただけますか？
a cab

☐ **5.** 水を少しもらえますか？

☐ **6.** ＜ホテルで＞２時前にチェックインしてもいいですか？

☐ **7.** <u>くだらない</u>質問をしてもよろしいですか？　いいですよ。
stupid

☐ **8.** <u>コーヒーのおかわり</u>をいただけますか？　もちろんです。
another cup of ~

☐ **9.** ここに座ってもよろしいでしょうか？　どうぞ。

☐ **10.** <u>内々で</u>あなたとお話してもよろしいでしょうか？
privately

大人の
英会話
ポイント

2. Here you are. は「はい、どうぞ」と手渡すときの決まり文句。**4.** a を抜かすと「私をタクシーと呼んで」という意味になるので注意。**8.** another は「もう１つ、もう１杯」の意。Could I have <u>another</u> blanket？ ↗

□ 1. Can you close the door? – OK.

□ 2. Can you pass me the salt? – Here you are.

□ 3. Could you give me your phone number?

□ 4. Could you call me a cab?

□ 5. Can I have some water?

□ 6. Can I check in before 2?

□ 7. Could I ask a stupid question? –
No problem.

□ 8. Could I have another cup of coffee? –
Of course.

□ 9. May I sit here? – Go ahead.

□ 10. May I speak to you privately?

↗ なら、「もう1枚毛布をもらえますか?」(飛行機内など)。
10. ほかの人には聞かれたくない内密の話のとき。
speak は自分から相手に話すというニュアンス。**talk**
の場合は相手のとのやりとりを意識しています。

助動詞 will、would

何ができる？ | 「〜してくれる？」と聞ける

　相手にそうする意志があるかどうかを尋ねることで「〜してくれますか？」と依頼するときは、① Will you ~?と、② Would you ~?が便利です。①は、言い方にもよりますが依頼というより「やわらかい指示」に近く、ていねいではありません。②は will の過去形ですが現在のことを表し、could同様、過去形にすることでていねいになります。

---

①【やわらかい指示、カジュアル】

Will you help me?
私を手伝ってくれる？

– OK!
いいよ！

②【ていねいな依頼、フォーマル】

Would you help me?
私を手伝っていただけますか？

– All right.
いいですよ。

　どちらも、「手伝ってくれるつもりはありますか？」と相手の「意志」を問うていて、頼めば相手がそれをやってくれる状況で使います。「可能性」を尋ねる Can you ~?や Could you ~ ?は、相手がやってくれるかどうかがわからない状況で使います。

　ていねい度で言えば、「意志」よりも「可能性」を聞かれたほうが相手も断りやすいことから、Could you ~?のほうがよりていねいと言えます。迷った場合は、Could you ~?が無難です。

理解度チェック

以下を赤シートで隠し、日本語に合うよう空欄を埋めて読んでみましょう。音声も確認し、まねして発音してください。

1. 彼にメールしてくれる？
   Will you send him an email?

2. テーブルの上を片付けてもらえますか？
   Will you clear the table, please?

3. お願いがあるのですが。
   Would you do me a favor?

4. あとで立ち寄っていただけますか？
   Would you stop by later?

5. 駅で拾って（車に乗せて）いただけませんか？
   Would you pick me up at the station?

6. ミルクとお砂糖はいかがですか？
   Would you like cream and sugar?

大人の**英会話**ポイント

2. please をつけると少し表現がやわらかく聞こえますが、ていねいな依頼にはなりません。3. do me a favor（好意を施す）を疑問文で使うと「お願いしていいですか？」に。5. pick ＋ 人 ＋ up で「人を拾う＝車に乗せる」。6. Would you like ~? は「〜はいかがですか？」と相手に何かをていねいに勧めるときの定番表現。

以下の日本語を素早く英語にしてください。

1. 彼らにそのデータを送ってくれる？

2. 静かにしてくれる？

3. 私の猫にエサをあげてくれる？
     feed

4. その仕事が終わったら、立ち寄っていただけますか？

5. 私の友達になっていただけますか？

6. 7時に私を起こしていただけますか？
   wake me up

7. 駅で私を降ろしていただけますか？
  drop me off

8. 私のスーツケースを預かっていただけますか？
     keep

9. お茶はいかがですか？

10. よければ私の車に乗っていきませんか？
  （車に乗ることはいかがですか？　と考えて）
    a ride

1.～3. Will you ~? は状況によって「指示・命令」にもなるので、相手や使用場面に注意しましょう。**9.＆10. Would you like ~?** は「好きと言う意志はおありですか？」→「欲しいですか？」→「いかがでしょうか？」と ↗

☐ 1. Will you send them the data?

☐ 2. Will you be quiet?
　　 クワィエッ（トゥ）

☐ 3. Will you feed my cat?

☐ 4. When you finish the work, would you stop by?

☐ 5. Would you be my friend?

☐ 6. Would you wake me up at 7?

☐ 7. Would you drop me off at the station?

☐ 8. Would you keep my suitcase?

☐ 9. Would you like some green tea?

☐ 10. Would you like a ride?

↗ なった表現で、Do you want ~?（～が欲しいです
か?）をていねいにした言い方。会話で勧誘するときに
頻出です。

have to

何ができる？ | 「〜しなければならない」と言える

周りの状況や事情から考えて客観的に「〜しなければならない」と言いたいときは、＜have to ＋動詞の原形＞を使います。

（約束があるので）もう行かなければなりません。

I have to go now.
 動詞の原形！

主語が 3 人称単数で現在の場合は、has to とします。
He has to get up at 5.（彼は 5 時に起きなくてはなりません）

過去形の場合は、have to、has to どちらも had to になります。
He had to get up at 5.（彼は 5 時に起きなくてはならなかった）

否定文は、don't have to、doesn't have to で、「〜する必要はない」という意味になります。後ろの動詞は否定文でも常に原形です。

You don't have to cook tonight.
あなたは今晩、料理をする必要はありません。

She doesn't have to go to work tomorrow.
彼女は明日、出社する必要はありません。

疑問文は、do または does をいちばん前に出します。
Do you have to cook tonight? - Yes, I do. / No, I don't.
（あなたは今晩、料理をする必要はありますか？　はい。／いいえ。）

Does she have to go to work tomorrow?
（彼女は明日、出社する必要はありますか？　はい。／いいえ。）
- Yes, she does. / No, she doesn't.

理解度チェック

以下を赤シートで隠し、日本語に合うように空欄を埋めて読んでみましょう。音声も確認し、まねして発音してください。

1. 私たちは急がなければなりません。
We have to hurry.

2. 彼女は会議で英語を話さなくてはなりません。
She has to speak English in the meeting.

3. 彼らは残業しなくてはなりませんでした。
They had to work overtime.

4. あなたは心配する必要はありません。
You don't have to worry.

5. 彼は出張に出る必要はありません。
He doesn't have to go on a business trip.

5. go on a business trip で「出張に行く」です。＜go on a 名詞＞はほかに、go on a diet（ダイエットする）、go on a date（デートする）などがあります。

以下の日本語を素早く英語にしてください。

☐ **1.** 私はもう家に帰らなければなりません。

☐ **2.** 私たちはここではマスクを着けなければなりません。

☐ **3.** ユミは6時までに仕事を切り上げなければなりません。
<u>get off work</u>

☐ **4.** 彼は彼の娘の面倒を見なければなりません。
<u>take care of ~</u>

☐ **5.** 私は昨日、残業しなくてはなりませんでした。

☐ **6.** 私たちは会議中英語を使わなければなりませんでした。
<u>during the meeting</u>

☐ **7.** あなたは何も持ってくる必要はありません。

☐ **8.** ジムは彼らの言うことを聞く必要はありません。

☐ **9.** それは完璧である必要はありません。
<u>perfect</u>

☐ **10.** 私たちは運転免許を取らなければなりませんか？
<u>get a driver's license</u>

大人の英会話ポイント 2. wear はマスクやメガネ以外に、ネクタイや手袋、ひげ（をはやす）に対しても使えます。3. get off ~ は「~を降りる」だけでなく、「（仕事）を終える」という意味もあります。leave work でも OK。6. during ~ で ↗

Lesson 17 | have to

☐ **1.** I have to go home now.

☐ **2.** We have to wear a face mask here.

☐ **3.** Yumi has to get off work by 6.

☐ **4.** He has to take care of his daughter.

☐ **5.** I had to work overtime yesterday.

☐ **6.** We had to use English during the meeting.

☐ **7.** You don't have to bring anything.

☐ **8.** Jim doesn't have to listen to them.

☐ **9.** It doesn't have to be perfect.

☐ **10.** Do we have to get a driver's license?

↗ 「〜の間中」。during は前置詞です。**7.** パーティーな
ら Just bring yourself.（手ぶらで来てください）と言
うこともできます。**8.**「彼らの言うことを無視していい」
という意味です。

助動詞 must、should

何ができる？ │「〜しなければならない」「〜に違いない」と言える

mustは、話し手自身が主観的に「〜しなければならない」と思っている
①**義務**と、「〜に違いない」という②**確信**を表します。＜ must ＋動詞の原
形＞の形で使います。

①【義務：〜しなければならない】
You must finish this job today.
あなたは今日、この仕事を終えなければなりません。

②【確信：〜に違いない】
She must be rich. 彼女はお金持ちに違いありません。
 主語が3人称単数でも形は同じ

mustの否定はcanなどと同様、後ろにnotをつけます。**must not で**「〜
してはならない」という「禁止」の意味になります。

前レッスンの have to 〜の否定文は「〜する必要はない」でしたね。使い
分けに注意してください。

You must not drive.
【禁止】あなたは運転してはならない。
You don't have to drive.
【不必要】あなたは運転する必要はない。

must notの短縮形は mustn'tで、発音は「マスントゥ」と初めの tを発
音しません。

ほかに、よく使う助動詞に shouldがあります。**shouldには、①「〜し
たほうがいい」というやわらかい助言や、②「〜すべき」という義務**などの
意味があります。否定は should not(shouldn't)で（〜しないほうがいい）
という意味です。

理解度チェック

以下を赤シートで隠し、日本語に合うように空欄を埋めて読んで
みましょう。音声も確認し、まねして発音してください。

1. 私の息子は野菜をもっと食べなければなりません。
My son <u>must</u> eat more vegetables.

2. 彼らは今日、忙しいに違いありません。
They <u>must</u> be busy today.

3. あなたはお酒を飲んではいけません。
You <u>must</u> <u>not</u> drink sake.

4. あなたは新聞を読んだほうがいいですよ。
You <u>should</u> read the newspaper.

5. 私たちはこんな日は外出しないほうがいいです。
We <u>shouldn't</u> go out on a day like this.

6. 私はここではマスクをするべきですか？
<u>Should</u> I wear a face mask here?

4.&5. should には must のような命令調のニュアンス
はなく、助言で使われることが多いです。**5.** on a day
like this で「こんな日には」という意味です。**6.**「マスク」
は face mask と言います。

以下の日本語を素早く英語にしてください。

☐ **1.** あなたはもっと魚を食べなければなりません。

☐ **2.** 私は医者に診てもらいに行かなければなりません。
　　　　　go see a doctor

☐ **3.** 私は体重を落とさなければなりません。
　　　　　lose weight

☐ **4.** 彼は新しい部長（マネジャー）に違いない。

☐ **5.** あなたは働きすぎてはいけません。

☐ **6.** あなたは彼女にそれについて言ってはいけません。

☐ **7.** あなたはもう帰ったほうがいいですよ。

☐ **8.** あなたは足元に気をつけたほうがいいですよ。
　　　　　watch your step

☐ **9.** あなたはこんな日は、歩き回らないほうがいいです。
　　　　　　　　　　　　walk around

☐ **10.** あなたは彼とこれ以上会わないほうがいいです。
　　　　　anymore

大人の**英会話**ポイント

1.~3. 主観的に話し手が「そうしなければいけない」と思っているニュアンスです。**3. I have to lose weight.** なら、客観的、つまり自分がというよりかかりつけ医や家族などからそう言われているからというニュ ↗

Lesson_18 ｜ 助動詞 must, should

1. You must eat more fish.

2. I must go see a doctor.

3. I must lose weight.

4. He must be the new manager.
   マニィジャー

5. You mustn't work too hard.

6. You mustn't tell her about it.

7. You should go home now.

8. You should watch your step.

9. You shouldn't walk around on a day like this.

10. You shouldn't see him anymore.

↗ アンスになります。**4.**「確信」している状況です。**5.**
You mustn't overwork. でも同じ意味です。**7.~**
10. should には「当然すべき」という含みがあります。

Lesson 10 〜 18 からランダムに 10 文、選び出しました。
以下の日本語を素早く英語にしてください。

☐ **1.** 私にいくつかアドバイスをもらえませんか？

☐ **2.** 私のことはカナと呼んでください。

☐ **3.** 私たちは夕食を食べていました、電話が鳴ったときに。

☐ **4.** 私に知らせてください、もし質問があれば。

☐ **5.** 私は家にいました、風邪を引いていたので。

☐ **6.** 私は、彼らは正しいと思います。

☐ **7.** コーヒーのおかわりをいただけますか？　もちろんです。

☐ **8.** その仕事が終わったら、立ち寄っていただけますか？

☐ **9.** 私は昨日、残業しなくてはなりませんでした。

☐ **10.** 私は体重を落とさなければなりません。

☐ **1.** **Can you give me some advice?** (p. 055)

☐ **2.** **Please call me Kana.** (p. 059)

☐ **3.** **We were having dinner when the phone rang.** (p. 063)

☐ **4.** **Please let me know if you have any questions.** (p. 067)

☐ **5.** **I stayed home because I had a cold.** (p. 067)

☐ **6.** **I think they are right.** (p. 071)

☐ **7.** **Could I have another cup of coffee? – Of course.** (p. 075)

☐ **8.** **When you finish the work, would you stop by?** (p. 079)

☐ **9.** **I had to work overtime yesterday.** (p. 083)

☐ **10.** **I must lose weight.** (p. 087)

どうでしたか？ 素早く英語に変換できましたか？
うまく変換できない苦手な文法があったら、
当該ページに戻って復習してください。

不定詞　名詞的用法

何ができる？ | 「〜すること」という情報を足せる

　「私は猫が大好きです」はI love cats. ですが、「私は**歌うこと**が大好きです」は？　**「歌う」という動詞を「歌うこと」と名詞の役割に変えるには**、to sing とします。全体で I love <u>to sing</u>. となります。

<u>①【動詞の対象＝目的語】</u>

I love <u>to sing</u>. 私は歌うことが大好きです。

I love <u>cats</u>. の cats が to sing になった形

<u>②【主語の説明＝補語】</u>

My goal is <u>to start</u> my own business.

私の目標は自分のビジネスを始めることです。

私の目標＝自分のビジネスを始めること

※主語にすることもできますが、
　あまり使わないので割愛します。

　中でもいちばん使用頻度が高いのは①動詞の対象（目的語）です。以下のような頻出の形を覚えるのが得策です。

・*want to 〜* 〜したい　　　　・*like to 〜* 〜するのが好き
・*forget to 〜* 〜することを忘れる　・*need to 〜* 〜する必要がある
・*try to 〜* 〜を試みる　　　　・*hope to 〜* 〜だといいと思う

　また、動詞の対象としての不定詞は、how や what などの疑問詞と組み合わて「どのように／何を〜すればいいか（〜の仕方）」を表すこともできます。

Do you know how to use this application?

（私はこのアプリをどのように使えばよいか（使い方）を知っていますか？）

I don't know what to say.（私は何と言っていいのかわかりません）

　この＜ to ＋動詞の原形＞を「to不定詞」と言います。ここで取り上げた「～すること」という意味の①名詞的用法のほかに、「～するための」の意味の②形容詞的用法、「～するために」の意味の③副詞的用法があります。

理解度チェック

以下を赤シートで隠し、日本語に合うように空欄を埋めて読んでみましょう。音声も確認し、まねして発音してください。

1. 私はピザが食べたいです。
I want to eat pizza.

2. 私の父はラジオを聞くことが好きです。
My father likes to listen to the radio.

3. 私は検温をするのを忘れました。
I forgot to check my temperature.

4. 私のキャリア目標はシニアマネジャーになることです。
My career goal is to become a senior manager.

5. 私は何と言っていいのかわかりませんでした。
I didn't know what to say.

6. 私はどのように馬に乗ればいいか(乗り方)を学びました。
I learned how to ride a horse.

大人の
英会話
ポイント

1.~3. 動詞の対象（目的語）の例。**4.** 主語の説明（補語）の例。**5.** what to ＋動詞の原形が目的語になった例。**6.** how to ＋動詞の原形が目的語になった例。

以下の日本語を素早く英語にしてください。

☐ **1.** 私は英語を流暢に話したいです。
　　 <u>fluently</u>

☐ **2.** 彼女は世界中を旅行することが好きです。
　　 <u>around the world</u>

☐ **3.** 私はまだ会ったことのない人（新しい人）と会うのが大好きです。

☐ **4.** 私はいつか海外で働くことを望んでいます。
　　 <u>work abroad someday</u>

☐ **5.** 私は（物事の）明るい面を見るように試みています。
　　 <u>on the bright side</u>

☐ **6.** 私たちはじっくり腰を落ち着けて話す必要があります。
　　 <u>sit down and talk</u>

☐ **7.** 私はあなたと一緒にコンサートに行きたかったです。

☐ **8.** 彼女の夢はいつかハワイに住むことです。

☐ **9.** 私はエクセルの使い方を学びました。

☐ **10.** 私は今日何を着たらいいのか決められません。

大人の英会話ポイント

5.「物事をいいほうに考えるようにしている」の意。**9.** 慣れてきたら不定詞を意識せず、＜how to＋動詞の原形＞で「〜の仕方、方法」と覚えるといいでしょう。

1. I want to speak English fluently.

2. She likes to travel around the world.

3. I love to meet new people.

4. I hope to work abroad someday.

5. I try to look on the bright side.

6. We need to sit down and talk.

7. I wanted to go to the concert with you.

8. Her dream is to live in Hawaii someday.

9. I learned how to use Excel.

10. I can't decide what to wear today.
　　　ホワットゥ

不定詞　形容詞的用法

何ができる？ | 「〜するための」「〜すべき」と名詞を説明できる

　to不定詞の２番目の使い方は、形容詞の役割をします。形容詞なので名詞を説明しますが、普通の形容詞と違い、**名詞や代名詞をすぐ後ろから説明**します。

　「**出席すべき（しなくてはならない）会議**」なら a meeting to attend、「**リラックスするための時間**」なら time to relax のようになります。

You have a meeting to attend.

あなたは出席すべき会議があります。

I don't have time to relax.

私はリラックスするための
時間がありません。

　「何か食べる物ない？」と言うときの「**何か食べる物**」は something to eat で表せます。eat を入れ替えていろいろな表現が可能です。someone（**誰か**）、nothing（**何もない**）などの代名詞も同じように使えます。

I want something to drink.

私は何か飲むためのもの（＝飲み物）が欲しいです。

She needed someone to help her.

彼女は、彼女を手伝ってくれる誰かが必要でした。

I have nothing to do today.

私は今日することが何もありません。

理解度チェック

以下を赤シートで隠し、日本語に合うように空欄を埋めて読んでみましょう。音声も確認し、まねして発音してください。

1. 私はやるべき仕事がたくさんあります。
   I have a lot of work to do.

2. 彼はチェックするべきメールがたくさんありました。
   He had a lot of emails to check.

3. もう(そろそろ)起きる時間です。
   It's time to get up.

4. お腹がペコペコです。何か食べるものはありますか？
   I'm starving. Is there anything to eat?

5. 私には相談相手がいます。
   I have someone to turn to.

6. 私は何も言うことはありません。
   I have nothing to say.

大人の英会話ポイント

3. It's time to ~で「(もうそろそろ) ~する時間です」という意味です。**4.** starving は「非常に空腹である、お腹がペコペコ」の意。hungry より空腹の度合いが強くなります。**5.** turn to ~は「~に頼る」という意味で、「頼るための誰か」つまり「相談相手」となります。**6.** I don't have anything to say. と言うこともできます。

Lesson 20 | 不定詞 形容詞的用法

以下の日本語を素早く英語にしてください。

☐ **1.** もう (そろそろ) 寝る時間です。

☐ **2.** もう (そろそろ) 休憩を取る時間です。

☐ **3.** 彼女にはランチを食べるための時間がありませんでした。

☐ **4.** 彼は何通か送らなくてはいけない (送るべき) メールがあります。

☐ **5.** 私たちは今日やるべき仕事がたくさんあります。

☐ **6.** 彼女は誰か一緒に働く人が必要です。

☐ **7.** あなたは今日の午後何かやることがありますか？

☐ **8.** あなたは失うものは何もありません。
　　　　　 lose

☐ **9.** 私は、先週末は何もやることがありませんでした。

☐ **10.** 何かお飲み物はいかがですか？

大人の 英会話 ポイント

3. eat lunch でも OK. **7.** 疑問文で、あるかどうかわからないときに anything を使います。**8.** 「ダメもとでやってごらん」という場面で使います。**10.** 飲み物を勧めるときの定番表現です。

1. It's time to go to bed.

2. It's time to take a break.

3. She didn't have time to have lunch.

4. He has some emails to send.

5. We have a lot of work to do today.

6. She needs someone to work with her.

7. Do you have anything to do this afternoon?

8. You have nothing to lose.

9. I had nothing to do last weekend.

10. Would you like something to drink?

Lesson 20 ｜ 不定詞　形容詞的用法

不定詞　副詞的用法

何ができる？ | 「～するために」「～して」の情報を足せる

　to不定詞の3番目の使い方は、副詞の役割をします。

　「私は**友達に会うために**大阪に行きました」と、大阪に行った「**目的**」を**加えたいときは、<to＋動詞の原形>を使って情報を後ろからつけ足し**、I went to Osaka **to see my friend**. とします。

---

①【「～するために」と動詞の目的を表す】

I went to Osaka to see my friend.

私は大阪へ行きました　　　　　　　友達に会うために（目的）

　また、**感情を表す形容詞の原因を説明する**ときにも使われます。

---

②【「～して」と感情の形容詞の原因を表す】

She was sad to hear the news.

彼女は悲しみました　　　そのニュースを聞いて

　類似の感情表現には、以下のようなものもあります。

be +	happy/glad to	+ 動詞の原形	～してうれしい
	excited to		～してワクワクする
	sorry to		～して残念
	surprised to		～して驚く
	shocked to		～してショックを受ける

理解度チェック

以下を赤シートで隠し、日本語に合うように空欄を埋めて読んでみましょう。音声も確認し、まねして発音してください。

1. 私は健康を保つためにヨガをします。
I do yoga to stay healthy.

2. 私は仕事に行くために地下鉄を使います。
I use the subway to get to work.

3. その飛行機に乗るためには、私はもう出発しないといけません。
I have to leave now to catch the flight.

4. 私はあなたにお会いできてうれしいです。
I'm glad to meet you.

5. 私はそれを聞いて残念です。
I'm sorry to hear that.

6. 私はその知らせを聞いてワクワクしています。
I'm excited to hear the news.

1.~3. 動詞の目的を表す使い方。**4.~6.** 感情の原因を表す使い方。**2.**「通勤」の意味での「仕事に行く」は get to work が自然です。**3.**「飛行に乗る（間に合う）」は catch the flight です。電車なら catch the train。**4.** 初対面でのあいさつの定番表現。

Lesson 21 | 不定詞 副詞的用法

以下の日本語を素早く英語にしてください。

1. 私はその試験に合格するために猛勉強しました。
   pass the exam

2. 私はそこに行くためにタクシーに乗りました。

3. その電車に乗るためには、私たちはもう出発しないといけません。

4. 彼は新聞を読むためにはメガネが必要です。

5. あなたは健康を保つために何をしていますか？

6. 私はそのニュースを聞いてショックです。

7. サムは正社員職を得て喜んでいました。
   a full-time position

8. 私の家族は子犬を飼えてワクワクしています。
   a puppy

9. ＜あらたまった場面で＞お会いできてとてもうれしいです。
   pleased

10. 私の上司は話しやすいです。
    （私の上司は話すのが簡単です、と考えて）

大人の英会話ポイント

2. taxiでもOK。cabはアメリカでよく使われます。9. 初対面のときはseeではなくmeetを使います。I'm very pleased toを使うとフォーマルになります。10. 形容詞easyを説明。easyをhardに換えると「話しに ↗

1. I studied hard to pass the exam.

2. I took a cab to get there.

3. We have to leave now to catch the train.

4. He needs glasses to read the newspaper.

5. What do you do to stay healthy?

6. I'm shocked to hear the news.

7. Sam was happy to get a full-time position.

8. My family is excited to have a puppy.

9. I'm very pleased to meet you.

10. My boss is easy to talk to.

↗ くい」となります。元は talk <u>to</u> my boss なので、前
置詞を残すことも忘れずに。

動名詞

| 何ができる？ | 動詞を「〜すること」という名詞にして使える |

「私は本を**読むこと**が大好きです」は？　不定詞の名詞的用法を使えば、I love **to read** books.ですよね。実は、このto readの代わりに**動詞のing形**、**reading**を使ってもほぼ同じ意味になります。このing形は進行形ではなく、**「〜すること」という意味で、動詞を名詞の役割に変えるので「動名詞」**と言います。

私は本を読むことが大好きです。
I love <u>to read</u> books.
　　　　不定詞
I love <u>reading</u> books.
　　　　動名詞

どちらもloveという動詞の対象（目的語）

（×）I love read books.と動詞を2つ並べることはできませんが、reading（読むこと）と動名詞にすれば問題ありません。

ただ、loveとは違って、後ろに**動名詞しか続けられない動詞**があります。

enjoy ~ing	〜するのを楽しむ	○ We enjoy <u>dancing</u>.
practice ~ing	〜するのを練習する	× We enjoy <u>to dance</u>.
finish ~ing	〜するのを終える	

動名詞は、「実際にやっていること」や「目の前で起こっていること」「すでに実現したこと」を、to不定詞は「これからのこと」を表します。enjoy、practice、finishはいずれも「今やっていること」を楽しんだり、練習したり、終えたりするため動名詞をとるわけです。

なお、不定詞（の名詞的用法）と同じように、以下の使い方もできます。
<u>Mastering English is difficult.</u>【主語として】
（英語をマスターすることは難しいです）

My hobby is <u>collecting old stamps.</u>【主語の説明（＝補語）として】
（私の趣味は古い切手を集めることです）

理解度チェック

以下を赤シートで隠し、日本語に合うように空欄を埋めて読んでみましょう。音声も確認し、まねして発音してください。

1. 私はオンラインでチャットを楽しみました。
   I enjoyed <u>chatting</u> online.

2. 私はレポートを書き終えたところです。
   I just finished <u>writing</u> my report.

3. 留学はいい経験になるでしょう。
   <u>Studying</u> abroad will be a good experience.

4. 私の趣味はガーデニングをすることです。
   My hobby is <u>doing</u> the gardening.

5. パーティーに招待してくれて、ありがとうございます。
   Thank you for <u>inviting</u> me to the party.

大人の英会話ポイント

1. chat は「チャットをする」。**2.** just を入れると「ちょうど〜したところ」となります。**3.** 主語の例 **4.** 主語の説明（補語）の例。hobby はどちらかというと「かなり凝った」趣味。**5.** 前置詞の後ろには名詞（や代名詞）が来るのでこのように動名詞も使えます。invite（招待する）。

さあ、クイックレスポンス！

47

以下の日本語を素早く英語にしてください。

1. 私たちはカラオケで歌うことを楽しみました。

2. 私の父はロック音楽を聞くのが好きです。

3. 私はちょうど犬の散歩を終えました。
   <u>walking ~</u>

4. スマホをいじるのはやめてください。
   <u>playing with ~</u>

5. YouTubeを見ることは楽しいです。

6. 喫煙はあなたの健康によくないです。

7. 私の趣味はインスタ用の写真を撮ることです。

8. モモコは英語を話すことが上手です。
   <u>is good at ~</u>

9. ジムは転職することを考えています。
   <u>is thinking about ~</u>

10. あなたにお会いすることを楽しみにしています。
    <u>am looking forward to ~</u>

 大人の **英会話** ポイント

6. 動名詞は一般的な話に向いています。**7.** 実際にやっていることなので動名詞。**8.～10.** 動名詞が前置詞の後ろで使われている例です。

1. We enjoyed singing karaoke.
キャリオキ

2. My father likes listening to rock music.

3. I just finished walking my dog.

4. Stop playing with your smartphone.

5. Watching YouTube is fun.

6. Smoking is not good for your health.

7. My hobby is taking pictures for my Instagram.

8. Momoko is good at speaking English.

9. Jim is thinking about changing jobs.

10. I'm looking forward to meeting you.

実は違う、
to不定詞と動名詞

to不定詞の to は前置詞の to に由来します。to は目的地に向かって移動し、到達するイメージを表すので、to不定詞は、動詞に向かっていき到達しようとするイメージです。だから「これからのこと」「未来の目的や意図」と相性がいいのです。

一方、動名詞は、「実際にやっていること」や「目の前で起こっていること」「すでに実現したこと」と一緒に使われるという特徴があると説明しました。

未来は不定詞、現実は動名詞

では、次の remember（〜を覚えている）を使った2つの文の意味の違いがわかりますか？

a) Remember to meet him at lunch time.
b) I remember meeting him at lunch time.

to不定詞と動名詞のニュアンスの違いがわかれば、a) は「彼と昼食時に会うことを覚えていてね→忘れないでね」とまだ実際

に起こっていない、これからすることを覚えているという意味だとわかりますね。

　一方、b)は「私は彼と昼食時に会ったことを覚えている」で、実現した過去の行為を覚えているということだと気づくと思います。

　では、次はどうですか？

a) Do you like to play the piano?
b) Do you like playing the piano?

　意味はどちらも「あなたはピアノを弾くことが好きですか？」ですが、

　a)は、to不定詞で「これからのこと」なので「したいですか？」と欲求や希望を聞いている感覚があるのに対し、

　b)は動名詞で「実現していること」なので、することを前提にそれを「楽しみますか？」と問うているニュアンスになります。

　to不定詞（名詞的な使い方）と動名詞は、動詞likeの後ろに続く場合は意味が同じと学校や参考書でも習いますし、実際は確かにそういう場合も多いです。ただ、使う状況によっては、ここで見たようなニュアンスの違いがあり、それをネイティブスピーカーは使い分けているのです。

　このto不定詞の「未来性」と、動名詞の「現実性」という違いを知っていれば、皆さんにもネイティブたちの感覚がより深くわかるようになってきます。

Lesson 19 〜 22 からランダムに 10 文、選び出しました。
以下の日本語を素早く英語にしてください。

☐ **1.** 私は英語を流暢に話したいです。

☐ **2.** 私はいつか海外で働くことを望んでいます。

☐ **3.** 私は今日何を着たらいいのか決められません。

☐ **4.** もう（そろそろ）寝る時間です。

☐ **5.** あなたは今日の午後何かやることがありますか？

☐ **6.** 私はそこに行くためにタクシーに乗りました。

☐ **7.** 私はそのニュースを聞いてショックです。

☐ **8.** ＜あらたまった場面で＞お会いできてとてもうれしいです。

☐ **9.** 私はちょうど犬の散歩を終えました。

☐ **10.** あなたにお会いすることを楽しみにしています。

1. I want to speak English fluently. (p. 093)

2. I hope to work abroad someday. (p. 093)

3. I can't decide what to wear today. (p. 093)

4. It's time to go to bed. (p. 097)

5. Do you have anything to do this afternoon? (p. 097)

6. I took a cab to get there. (p. 101)

7. I'm shocked to hear the news. (p. 101)

8. I'm very pleased to meet you. (p. 101)

9. I just finished walking my dog. (p. 105)

10. I'm looking forward to meeting you. (p. 105)

どうでしたか？　素早く英語に変換できましたか？
うまく変換できない苦手な文法があったら、
当該ページに戻って復習してください。

比較級

何ができる？ | 2つ以上を比べて「こちらのほうがより〜」と言える

「年をとった」の old に er をつけて older にすると「もっと年をとった、年上の」という意味になります。fast（速く）なら faster（もっと速く）です。この**形容詞や副詞に er をつけた形を比較級**と言います。

この比較級に、「〜より」と比較対象を示す than 〜 を足して<**比較級 + than 〜**>とすると「**〜よりももっと…だ**」という表現ができます。

【形容詞の場合】

Anne is taller than Joy.

アンはジョイより背が高いです。

【副詞の場合】

I can swim faster than Bill.

私はビルより速く泳げます。

基本は**形容詞・副詞の語尾に er** をつけますが、下のような形もあります。

e で終わる単語は r のみをつける	cute → cuter large → larger
y で終わる単語は y を i に変えて er	happy → happier easy → easier
詰まった音で終わる単語	hot → hotter big → bigger
不規則な活用の単語	good、well → （どちらも）better
	many、much → （どちらも）more
長めの単語（3 音節以上）は語尾に er ではなく、**単語の前に more**（もっと）をつける	beautiful → more beautiful expensive → more expensive slowly → more slowly ← ly で終わる

Latin is more difficult than English.

（ラテン語は英語よりも難しいです）

「どちらがより〜ですか？」と尋ねるには< Which is 比較級 , A or B? >と表します。読むときは A（↗）で上げて B（↘）で下げます。

Which is larger, Japan or New Zealand?

（日本とニュージランドはどちらがより大きいですか？）

- Japan is. (= Japan is larger than New Zealand. の省略)

（日本です。＝日本はニュージランドよりも面積が大きいです）

理解度チェック

49

以下を赤シートで隠し、日本語に合うように空欄を埋めて読んでみましょう。音声も確認し、まねして発音してください。

1. 私はマイクより年上です。
I'm <u>older than</u> Mike.

2. 今日は昨日より暑いです。
Today is <u>hotter than</u> yesterday.

3. 彼女はほかの誰よりも一生懸命勉強しました。
She studied <u>harder than</u> anyone else.

4. この絵画はあの絵画よりも高いです。
This painting is <u>more expensive than</u> that one.

5. 札幌と秋田ではどちらが寒いですか？
Which is <u>colder</u>, Sapporo or Akita?

大人の
英会話
ポイント

3. 比較級＋than anyone else で「ほかの誰より〜」つまり「いちばん〜」ということになります。any other 〜（ほかのどの〜）も使えます。**4.** one は人や物を指す代名詞で、ここでは painting のこと。英語は同じ単語を繰り返すことを嫌うので one に置き換えます。

さあ、クイックレスポンス！

以下の日本語を素早く英語にしてください。

☐ **1.** マリは私より背が高いです。

☐ **2.** 私は弟より 3 歳年上です。
　　　 three years older

☐ **3.** 明日は今日よりもっと寒くなるでしょう。

☐ **4.** 私は、英語は数学より簡単だと思います。
　　　 math

☐ **5.** もっと注意して運転してください。
　　　 carefully

☐ **6.** もっとゆっくり話していただけますか？

☐ **7.** あなたは年齢よりも若く見えます。

☐ **8.** この T シャツはあちらのものより良さそうに見えます。

☐ **9.** 私はコーヒーより紅茶のほうが好きです。

☐ **10.** 東京タワーと東京スカイツリーはどちらが高いですか？
　　　 東京スカイツリーです。

大人の英会話ポイント

1. 本来は me ではなく I am ですが、会話では代名詞の目的格を使うのが一般的です。**4.** easier は会話では more easy でも可。**8.** one = T-shirt。1 枚のときは T-shirts としないように。**9.** like A better than ↗

☐ 1. Mari is taller than me.

☐ 2. I'm three years older than my brother.

☐ 3. Tomorrow will be colder than today.

☐ 4. I think English is easier than math.

☐ 5. Please drive more carefully.

☐ 6. Could you speak more slowly?

☐ 7. You look younger than your age.

☐ 8. This T-shirt looks better than that one.

☐ 9. I like tea better than coffee.

☐ 10. Which is higher, Tokyo Tower or Tokyo
     Skytree? – Tokyo Skytree is.

↗ Bで「BよりAのほうが好き」。**10.** highはいちばん高
い所に注目する単語です。tallは下から高い所まで全
体を視野に入れています。

最上級

| 何ができる？ | 3つ以上を比べて「最も〜」と言える |

「若い」のyoungに est をつけて youngest とすると「最も若い」になります。fast（速く）なら fastest（最も速く）です。この**形容詞や副詞に est をつけた形を最上級**と言います。

この最上級は普通、**前に the をつけて**、後ろに in my family（家族の中で）とか of the five（5人の中で）など、「最も〜」な範囲をつけます。

【形容詞の場合】 *the*をつける　　範囲を示す

I am *the tallest* of the three.

私は3人の中で最も背が高いです。

【副詞の場合】

I can swim *the fastest* in our team.

私はチームの中で最も速く泳げます。

in は「〜の範囲の中で」、of はある集団に所属した「〜のうちで」というニュアンスです。副詞の最上級はしばしば the が省略されます。

基本は**形容詞・副詞の語尾に est** をつけますが、以下の形もあります。

e で終わる単語は st のみをつける	cute → cutest　large → largest
y で終わる単語は y を i に変えて est	happy → happiest easy → easiest
詰まった音で終わる単語	hot → hottest　big → biggest
不規則な活用の単語	good、well → （どちらも）best
	many、much → （どちらも）most
長め（3音節以上）の単語は語尾に est ではなく、 **単語の前に most**（もっと）をつける	beautiful → most beautiful expensive → most expensive slowly → most slowly　←lyで終わる

Latin is the most difficult <u>of all</u>.（ラテン語はすべての中で最も難しい）

「どれが最も〜ですか？」と尋ねるときは、下のように表します。

Which country is the largest in the world?

（世界で最も大きいのはどの国ですか？）

- Russia is.（= Russia is the largest country in the world. の省略）

（ロシアです。＝ロシアは世界の中で最も大きい国です）

理解度チェック

以下を赤シートで隠し、日本語に合うように空欄を埋めて読んで
みましょう。音声も確認し、まねして発音してください。

1. 富士山は日本で最も高い山です。
Mount Fuji is <u>the highest</u> mountain in Japan.

2. ここは私の町で最も美しい場所です。
This is <u>the most beautiful</u> spot in my town.

3. このバッグがすべての中で最も新しいです。
This bag is <u>the newest</u> of all.

4. 彼女は私のクラスで最も流暢に英語を話します。
She speaks English <u>the most</u> fluently in my class.

5. この地域でどの建物がいちばん古いですか？
Which building is <u>the oldest</u> in this area?

1.「高い」は high と tall があります。違いは p. 113
と p. 116 を参照してください。**2.** spot は place でも可。

115

以下の日本語を素早く英語にしてください。

☐ **1.** 私は3人の中でいちばん年上です。

☐ **2.** 東京スカイツリーは日本で最も高いタワーです。

☐ **3.** ビル・ゲイツはアメリカでいちばんのお金持ちでした。

☐ **4.** ケンは私たち全員の中でいちばん頭がいいです。
　　　　　　　<u>of us all</u>　　　　　　　<u>smartest</u>

☐ **5.** この TOEIC 問題集は5冊の中でいちばん難しいです。
　　　　　　　<u>workbook</u>

☐ **6.** 彼は私の会社で最も面白い人です。
　　　　　<u>the funniest</u>

☐ **7.** 彼女は日本で最も人気のある女優の一人です。
　　　　　　　　　　<u>one of ~</u>

☐ **8.** タナカさんは私たちの部署で最も熱心に働きました。
　　　　　　　<u>section</u>

☐ **9.** あなたの家族の中で誰が歌をいちばんうまく歌うことができますか？　私です。

☐ **10.** ギリシャではどの都市が最も古いですか？
　　　　　<u>Greece</u>

大人の 英会話 ポイント
2. tallは地面からいちばん上までに、highはいちばん上の頂点にそれぞれ意識が向けられ、一般にtallは細長くて幅の狭いものに、highは横幅が広いにものに使われる傾向があります。**3.**「アメリカ」は英語で the ↗

左側余白: Lesson 24 | 最上級

☐ **1.** I'm the oldest of the three.

☐ **2.** Tokyo Skytree is the tallest tower in Japan.

☐ **3.** Bill Gates was the richest person in the U.S.

☐ **4.** Ken is the smartest of us all.

☐ **5.** This TOEIC workbook is the most difficult of the five.

☐ **6.** He is the funniest person in my company.

☐ **7.** She is one of the most popular actresses in Japan.

☐ **8.** Mr. Tanaka worked hardest in our section.

☐ **9.** Who can sing best in your family?
- I can.

☐ **10.** Which city is the oldest in Greece?

↗ U.S. が一般的。**7.** one of ~ に続く名詞は数えられる場合は**複数形**のため actress<u>es</u> に。**8.&9.** 副詞の前の the は省略できます。

as ~ as . . .（原級）

何ができる？ | 量や程度が「同じくらい」と言える

何かと比べて数量や程度が「…と同じくらい〜」と言いたいときは< as ~ as . . .>が使えます。「〜」には**程度や数量を表す形容詞や副詞**が、「. . .」には比較する対象が入ります。

【形容詞の場合】

I am as tall as Ken.

私はケンと同じくらい背が高い。

※この場合「身長が同じくらいの高さ」という意味で、必ずしも「背が高い」ということではありません。年齢のoldも同じです

【副詞の場合】

She can swim as fast as an Olympic athlete.

彼女はオリンピック選手と同じくらい速く泳げます。

---

as ~ asの前に notを入れて< not as ~ as . . .>と否定形にすると「…ほど〜でない」という意味になります。

I am <u>not</u> as tall as Ken.

私はケンほど背が高くない。

また、as ~ asを使った頻出の決まり文句や比喩表現があります。

I will call you as soon as possible.

できるだけ早く電話します。

She is as free as a bird.

彼女は鳥のように自由気ままです。

理解度チェック

以上を赤シートで隠し、日本語に合うように空欄を埋めて読んでみましょう。音声も確認し、まねして発音してください。

1. 彼は私の父と同じくらいの年齢です。
He is <u>as</u> <u>old</u> <u>as</u> my father.

2. 私の家はあなたの家ほど大きくありません。
My house is <u>not</u> <u>as</u> <u>big</u> <u>as</u> yours.

3. 私は野球と同じくらいサッカーが好きです。
I like soccer <u>as</u> <u>well</u> <u>as</u> baseball.

4. 私は若い人ほどたくさん食べられません。
I can't eat <u>as</u> <u>much</u> <u>as</u> a young person.

5. 私が参加するとすぐオンライン会議が始まりました。
The online meeting started <u>as</u> <u>soon</u> <u>as</u> I joined.

6. 彼らはウサギのように臆病(timid)です。
They're <u>as</u> timid <u>as</u> rabbits.

大人の英会話ポイント

2. big は「重さ・大きさ・かさ」に、large は「広さ」に焦点があります。どちらかというと big のほうがより主観的です。**4.**「量」は数えられないので many ではなく much を使います。**5.** as soon as ~ は「～するや否や」という決まり文句。**6.** 比喩表現。

以下の日本語を素早く英語にしてください。

☐ **1.** 彼女はあなたと同じくらい頭がいいです。

☐ **2.** 今日は昨日と同じくらい暑いです。

☐ **3.** 私の<u>足のサイズ</u>はあなたのと同じくらいの大きさです。
shoe size

☐ **4.** 私の時計は彼のものほど高くありません。

☐ **5.** 彼は彼の父親と同じくらいの量を食べました。

☐ **6.** 私は英語と同じくらい世界史が好きです。

☐ **7.** 彼女はプロのダンサーと同じくらい上手に踊ることができます。

☐ **8.** できるだけ早く知らせてください。

☐ **9.** <u>私が知る限りでは</u>、彼らは犬を 3 匹飼っています。
as far as I know

☐ **10.** セイジは<u>とても忙しいです</u>。
as busy as a bee

4. この his は「彼のもの」の意味で、his watch のことです。**8.** as soon as possible（できるだけ早く）は決まり文句として覚えましょう。**9.** as far as I know（私の知る限りでは）も決まり文句で、文頭に出すことも ↗

Lesson 25 ｜ as ~ as . . .（原級）

□ **1.** She is as smart as you.

□ **2.** Today is as hot as yesterday.

□ **3.** My shoe size is as large as yours.

□ **4.** My watch isn't as expensive as his.

□ **5.** He ate as much as his father.

□ **6.** I like world history as well as English.

□ **7.** She can dance as well as a <u>professional</u> dancer.
プロフェッショナォ

□ **8.** Please let me know as soon as possible.

□ **9.** They have three dogs as far as I know.

□ **10.** Seiji is as busy as a bee.

↗ きます。<u>As far as I know</u>, they have three dogs.。
10.「ハチのように忙しい」=「とても忙しい」という比
喩表現です。

受け身の基本

何ができる？ | 何かが「〜される」と言える

「スペイン語は多くの国で**話されています**」のように「**〜される**」と言いたいときは＜ be動詞＋動詞の過去分詞＞を使います。この形は受け身（受動態）と言います。過去分詞については Lesson 27 で詳しく。

フランス語は多くの国で話されています。

French is spoken in many countries.

be動詞＋過去分詞

上の文は誰が話しているかには触れていませんね。言う必要がある場合は「by~（動作主）」を文末につけます。

be動詞は主語に合わせて、現在の文なら is、am、are を、過去の文なら was、were を使い分けます。

否定文は be動詞の後ろに not を入れ、疑問文は be動詞を文の頭に出します。もうおなじみのパターンですよね？

それらの製品は日本で販売されていません。

Those items are not sold in Japan.

ここにnotを入れる

フランス語はカナダで話されていますか？

Is French spoken in Canada?

be動詞を前に出す

はい。ケベックで話されています。

-Yes, it is. It is spoken in Quebec.

理解度チェック

以下を赤シートで隠し、日本語に合うように空欄を埋めて読んでみましょう。音声も確認し、まねして発音してください。

1. そのコンサートは毎月開かれます。
The concert is held every month.

2. 私たちはその飲み会に招待されました。
We were invited to the drinking party.

3. この車はドイツ製（ドイツで作られたの）です。
This car is made in Germany.

4. この雑誌は書店では売られていません。
This magazine isn't sold at bookstores.

5. あなたのメールは私には送られませんでした。
Your email wasn't sent to me.

6. このホテルは18世紀に建てられましたか？
Was this hotel built in the 18th century?

いいえ、それはそのときに市によって改築されました。
– No. It was renovated then by the city.

Lesson_26 | 受け身の基本

大人の**英会話**ポイント

1. held は hold（〜を開く、〜を開催する）の過去分詞です。hold a concert で「コンサートを開く」。6. build の過去分詞 built の発音は「ビゥトゥ」という感じ。

以下の日本語を素早く英語にしてください。

☐ **1.** スペイン語は多くの国で話されています。

☐ **2.** このくつは<u>イタリア製</u>です。
Italy

☐ **3.** その店は先月、閉店しました（閉められました）。

☐ **4.** 私の<u>札幌行きのフライト</u>はキャンセルされました。
flight to Sapporo

☐ **5.** その<u>結果</u>は明日発表されるでしょう。
result

☐ **6.** この歌は多くのシンガーに歌われています。

☐ **7.** 私はそのイベントに招待されませんでした。

☐ **8.** この席はふさがっていますか？
（この席は取られていますか、と考えて）
is taken

☐ **9.** このビルは最近、建てられたのですか？

☐ **10.** そのコンサートはどこで開かれたのですか？

大人の
英会話
ポイント

2. くつは常にペアなので複数形に。**6.** sing-sang-sung。今も歌われているということなので現在形です。**8.** 「ここ空いてますか？」と席の空き具合を聞くときに使います。

1. Spanish is spoken in many countries.

2. These shoes are made in Italy.

3. The store was closed last month.

4. My flight to Sapporo was canceled.
   キャンソォドゥ

5. The result will be announced tomorrow.

6. This song is sung by many singers.

7. I wasn't invited to the event.

8. Is this seat taken?

9. Was this building built recently?

10. Where was the concert held?
    ヘョドゥ

Lesson 26 ｜ 受け身の基本

125

過去分詞

何ができる？ | すでに完了していることを表せる

　過去分詞は、動詞の変化形の１つで、**すでに完了していること**を表します。「受け身」で使うほか、Lesson 28以降の現在完了でも必要になります。語尾が ed になるもの多いのですが、make や catch のように不規則に変化するものもあるので、少しずつ覚えましょう。巻末に一覧を用意しました。

原形	過去形	過去分詞
call	called	called
watch	watched	watched
make	made	made
catch	caught	caught

> ed をつけるのが基本！
> 過去形と同じ形の動詞が多い！

　ほかに、原形、過去形、過去分詞すべてが異なるもの、原形と過去分詞が同じもの、全部同じものがあります。

原形	過去形	過去分詞	
give	gave	given	← 全部違う
come	came	come	← 過去形だけ違う
cut	cut	cut	← すべて同じ

　なお、感情を表す worried（心配して）、excited（ワクワクして）、interested（関心のある）、surprised（驚いて）なども過去分詞です。文中では受け身の形で使われていますが、これらは beautiful などと同じ主語の状態を表す**形容詞として**考えたほうがいいでしょう。

　I'm worried about her.（彼女のことが心配です）

　Are you interested in this project?（あなたはこのプロジェクトに興味がありますか？）

理解度チェック

以下を赤シートで隠し、日本語に合うように空欄を埋めて読んでみましょう。音声も確認し、まねして発音してください。

1. 彼女の本は若い世代に読まれています。
Her books <u>are read</u> by young people.

2. 私の自転車が盗まれました。
My bike <u>was stolen</u>.

3. 私たちは温かく歓迎されました。
We <u>were welcomed</u> warmly.

4. そのDVDプレイヤーは壊れています。
The DVD player <u>is broken</u>.

5. 私はその機会にとてもワクワクしています。
I <u>am</u> very <u>excited</u> about the opportunity.

6. 私はそのニュースを聞いて驚きました。
I <u>was surprised</u> to hear the news.

Lesson 27 | 過去分詞

3. welcome ~ で「~を歓迎する」。**4.** 元は break（~を壊す）の過去分詞から、broken「壊れた、故障した」という形容詞として使われるように。**6.** to hear は不定詞の副詞的な使い方で原因を表しています。

以下の日本語を素早く英語にしてください。

☐ **1.** そのお店は<u>あるお笑い芸人</u>によって<u>経営されて</u>います。
　　　　　　　　a comedian　　　　　　　　　run

☐ **2.** 私は<u>渋滞にはまり（つかまり）</u>ました。
　　　　　　　caught in traffic

☐ **3.** 彼女の本は世界中で読まれています。

☐ **4.** パソコンの<u>予算</u>がカットされました。
　　　　　　　　budget

☐ **5.** 私のおじはその<u>交通事故</u>で<u>亡くなり（殺され）</u>ました。
　　　　　　　　traffic accident　　　　killed

☐ **6.** 私はその新しいプロジェクトにワクワクしています。

☐ **7.** このコピー機は壊れています。

☐ **8.** サトウさんは彼の息子のことを心配しています。

☐ **9.** 私は日本史に興味があります。

☐ **10.** 私は彼女の秘密を聞いて驚きました。

大人の英会話ポイント

1. 原形 - 過去形 - 過去分詞の変化は run-ran-run。
3. read-read-read。 around the world は all over the world、または worldwide（副詞）でも OK。**2.&5.**「渋滞」「交通事故」という「出来事の空間」をイメージするので in を使います。**8.~10.** いずれも ↗

Lesson 27 ｜ 過去分詞

1. The store is run by a comedian.
   カミーディアン

2. I was caught in traffic.

3. Her books are read around the world.

4. The budget for computers was cut.

5. My uncle was killed in the traffic accident.

6. I'm excited about the new project.

7. This copy machine is broken.

8. Mr. Sato is worried about his son.

9. I'm interested in Japanese history.

10. I was surprised to hear her secret.

↗ 感情を表す形容詞。**10.** 不定詞の副詞的用法でもあり
ます (p. 98 参照)。

Lesson 23 〜 27 からランダムに 10 文、選び出しました。
以下の日本語を素早く英語にしてください。

☐ **1.** 私は弟より 3 歳年上です。

☐ **2.** 明日は今日よりもっと寒くなるでしょう。

☐ **3.** ビル・ゲイツはアメリカでいちばんのお金持ちでした。

☐ **4.** あなたの家族の中で誰が歌をいちばんうまく歌うことができますか？　私です。

☐ **5.** 私の時計は彼のものほど高くありません。

☐ **6.** できるだけ早く知らせてください。

☐ **7.** この歌は多くのシンガーに歌われています。

☐ **8.** この席はふさがっていますか？

☐ **9.** このコピー機は壊れています

☐ **10.** 私は彼女の秘密を聞いて驚きました。

1. I'm three years older than my brother. (p. 113)

2. Tomorrow will be colder than today. (p. 113)

3. Bill Gates was the richest person in the U.S. (p. 117)

4. Who can sing best in your family?
   – I can. (p. 117)

5. My watch isn't as expensive as his. (p. 121)

6. Please let me know as soon as possible. (p. 121)

7. This song is sung by many singers. (p. 125)

8. Is this seat taken? (p. 125)

9. This copy machine is broken. (p. 129)

10. I was surprised to hear her secret. (p. 129)

どうでしたか？　素早く英語に変換できましたか？
うまく変換できない苦手な文法があったら、
当該ページに戻って復習してください。

現在完了「継続」

何ができる？ | 過去から現在までずっと続いていることが言える

　「（今）疲れている」は I'm tired.、「昨日疲れていた」は I was tired yesterday. では「昨日からずっと疲れている」と言いたいときは？　そんなときは**＜have/has ＋過去分詞＞という現在完了**を使うと表現できます。

　be動詞の過去分詞は been です。過去形が「すでに終わった過去のこと」で、「今（現在）」とは関係がないのに対して、**現在完了は「過去から現在までのつながり」「続いていること」**を表します。

　「継続」で使われる動詞は be動詞や know、live などの「状態」を表す一般動詞が多くなります。また、**起点を表す since ~（~以来）や、期間を表す for ~（~の間）**とよく一緒に使われます。

会話では、I have は I've、He has は He's のような短縮形もよく使われます。
主語が3人称単数のときは has になる点も気をつけましょう。

理解度チェック

以下を赤シートで隠し、日本語に合うように空欄を埋めて読んで
みましょう。音声も確認し、まねして発音してください。

1. 彼らは英国に20年間住んでいます。
They have lived in the U.K. for 20 years.

2. 私はこの財布を10年間使っています。
I have used this wallet for 10 years.

3. 私は彼を5年ほど知っています。
I have known him for about 5 years.

4. 彼女は4月以来ずっと忙しい。
She has been busy since April.
エィプリォ

5. 先週からずっと寒いです。
It has been cold since last week.

6. 私は高校生の頃からジャズが好きです。
I have loved jazz since I was in high school.

1. the U.K. = the United Kingdom（英国）。twenty
の発音は「トゥエニ」のような感じで。**2.**「財布」は
wallet。**6.** loved は liked でも可。

以下の日本語を素早く英語にしてください。

※短縮形を使わずに言ってみましょう。

☐ **1.** 私は 7 年ほどずっと英語を勉強しています。

☐ **2.** 彼女は 2 歳からずっと横浜に住んでいます。

☐ **3.** 私たちは長い間知り合いです。
　　　　　　　　　known each other

☐ **4.** 彼は 1 週間ずっと病気です。

☐ **5.** 私たちは 1 時間以上ずっと並んでいます。
　　　　　　　over an hour　　　　　　been in line

☐ **6.** このマンガは 10 年間ずっと人気です。

☐ **7.** 私たちは小さなころからずっと良い友達です。
　　　　　　　since we were small

☐ **8.** 昨日からずっと蒸し暑いです。

☐ **9.** 私はこの部署に異動して 2 カ月になります。
　　　　　I moved to this section

☐ **10.** 今まで本当に助かりました。
　　　　（あなたはずっと助けになりました、と考えて）
　　　　　　　helpful

大人の英会話ポイント

1. study のような動作を表す動詞でも「継続」で使えます。なお、途中で中断がある場合にも使えます。**5.** over ＋時間は「時間以上」という意味です。**10.** 別れるときのお礼に使われる決まり文句。

1. I have studied English for about 7 years.

2. She has lived in Yokohama since she was 2 years old.

3. We have known each other for a long time.

4. He has been sick for a week.

5. We have been in line for over an hour.

6. This comic has been popular for 10 years.

7. We have been good friends since we were small.
   スモーォ

8. It has been hot and humid since yesterday.

9. It has been two months since I moved to this section.
   マンツ

10. You have been very helpful.

現在完了「継続」の否定と疑問

何ができる？ │ 現在まで続いていることの否定・疑問が言える

　現在完了の否定文は＜ have/has ＋ <u>not</u> ＋過去分詞＞で表します。普通は have not → **haven't**、has not → **hasn't** と短縮形で使われます。「継続」の否定なので「ずっと〜していません」という意味になります。

notを入れて短縮形に

I haven't seen him since last year.

私は昨年以来彼にずっと会っていません。

　現在完了の疑問文は、**Have/Hasを文頭に出し**ます。過去から今まで「ずっと〜しているのですか？」と聞くことができます。

haveをいちばん前に

Have you known each other for a long time?

あなたたちは長い間お互いを知っているのですか？

– Yes. We have been friends since childhood.

はい。私たちは子供の頃からずっと友達です。

疑問詞 How long ~? を使えば、**継続の期間**を尋ねることができます。

<u>How long</u> have they known each other?

（彼らはどのくらいの期間お互いを知っているのですか？）

– They have known each other <u>for 15 years</u>.

（彼らは <u>15 年間</u>知り合いです）

理解度チェック

以下を赤シートで隠し、日本語に合うように空欄を埋めて読んでみましょう。音声も確認し、まねして発音してください。

62

1. 私は何年も祖父母に会っていません。
   I **haven't seen** my grandparents for many years.

2. 私は何日もジムでトレーニングしていません。
   I **haven't** worked out in the gym for days.

3. 最近忙しくしていましたか？
   Have you **been** busy lately?

4. ここに住んで長いのですか？
   Have you **lived** here long?

5. あなたはどのくらい日本に住んでいますか？
   How long have you **lived** in Japan?

6. お元気でしたか？　まずまずです。
   How have you **been?** – I've been OK.

大人の
英会話
ポイント

1.「祖父母」は grandparents。**3.** lately（最近、ついこの間）は現在完了形で、recently（最近、ここのところ）は過去形でも現在完了形でも使えます。**6.** How are you? の現在完了形で「（しばらくの間、ずっと）お元気でしたか？」の意。久しぶりに会ったときに使えます。I've been OK. は I'm OK. の現在完了形です。

さあ、クイックレスポンス！

63

以下の日本語を素早く英語にしてください。

※否定文と 10. は短縮形で言ってみましょう。

☐ **1.** 私はいとこと長い間会っていません。

☐ **2.** 私は何週間もジムでトレーニングしていません。

☐ **3.** 彼は、ここ数日間は忙しくありません。
for the last few days

☐ **4.** ここのところ売り上げが伸びていません。
recently　　　improved

☐ **5.** 彼は最近ずっと病気なのですか？

☐ **6.** あなたたちは長い間この町に住んでいるのですか？

☐ **7.** あなたはどれくらいの間、彼女を知っているのですか？

☐ **8.** あなたは結婚してどれくらい経つのですか？
（どれくらいの間あなたは結婚しているのですか？ と考えて）
been married

☐ **9.** 彼はどれくらい入院しているのですか？
been in hospital

☐ **10.** お元気でしたか？　まずまずです。

大人の英会話ポイント

4. sales（売り上げ）は複数形。recently（ここのところ）は過去形の文でも使えます。**8.** be married（結婚している）は状態で、get married（結婚する）は行為を表します。**10.** How've と短縮形もよく使われます。 ↗

1. I haven't seen my cousin for a long time.

2. I haven't worked out in the gym for weeks.

3. He hasn't been busy for the last few days.

4. Sales haven't improved recently.

5. Has he been sick lately?

6. Have you lived in this town for a long time?

7. How long have you known her?

8. How long have you been married?

9. How long has he been in the hospital?
ハスピロォ

10. How've you been? – I've been OK.

↗ I've been OK. で「良くも悪くもない、普通」という
意味になります。「忙しくしています」なら I've been
busy. です。

現在完了「経験」

何ができる？ | 「〜したことがある」と言える

現在完了は、前の Lesson で取り上げた「継続」のほかに、「**〜したことがある**」という、**これまでの「経験」** も表すことができます。過去形の文との違いを比べてみましょう。

過去形

I saw koalas last year.

私は昨年コアラを見ました。

去年　過去

過去に見たという事実のみ

現在完了

I have seen koalas three times.

私は今までにコアラを3回見たことがあります。

過去 1
過去 2
過去 3

3回見た経験を今も持っている　今

経験の回数を表すには「**1回**」は once、「**2回**」は twice と言い、3回以上は<**数字** + times >を使います。

「**〜に行ったことがある**」は< have/has been to 〜 >を用います。

私は以前、那覇へ行ったことがあります。

I have been to Naha before.

　これは、been to Naha が「那覇に向かって行って到着し (to Naha) そこにいた (been の原形 be は存在を表す)」、その経験を持っている（have）ということです。詳細は p. 154 のコラムを参照してください。

理解度チェック

以下を赤シートで隠し、日本語に合うように空欄を埋めて読んでみましょう。音声も確認し、まねして発音してください。

64

1. 彼女は以前刺身を食べてみたことがあります。
She **has tried** sashimi before.

2. 私は首相に一度会ったことがあります。
I **have met** the prime minister once.

3. 私は何度もこの歌を聞いたことがあります。
I **have heard** this song many times.

4. 私たちは阿蘇山へ数回行ったことがあります。
We **have been to** Mount Aso a few times.

5. 私はイギリスでホームステイしたことがあります。
I **have** done a homestay in England.

大人の
英会話
ポイント

1. この try は「試しに食べる」という意味です。**2.** met は meet の過去分詞。prime minister（首相）。**3.** many times で「何度も」。**4.** a few times で「数回、何度か」。**5.** do a homestay で「ホームステイをする」。

65

以下の日本語を素早く英語にしてください。

※ I と We の文は短縮形の I've/We've で言ってみましょう。

1. 彼らは２回、ラーメンを食べてみたことがあります。

2. 私は彼女に一度会ったことがあります。

3. 私はカナダでホームステイをしたことがあります。

4. トムは以前、日本語を勉強したことがあります。

5. ユミはヨーロッパへ数回行ったことがあります。

6. 彼らはこの曲をカラオケで歌ったことがあります。

7. 私は、その曲を以前どこかで聞いたことがあります。
   <u>somewhere before</u>

8. 彼は何度も富士山に登ったことがあります。

9. 彼女は着物を３回着たことがあります。

10. おうわさはかねがね伺っています。
   （私はあなたについてたくさん聞いたことがあります、と考えて）
   <u>a lot</u>

6. sung は sing の過去分詞。**7.** hear（過去分詞は heard）は「耳に聞こえてきた」というニュアンスです。somewhere（どこかで）+ before（以前）=「以前どこかで」となります。**9.** wear-wore-worn。**10.** ↗

☐ **1.** They have tried Ramen twice.

☐ **2.** I've met her once.
メッラー

☐ **3.** I've done a homestay in Canada.
ダンナ

☐ **4.** Tom has studied Japanese before.

☐ **5.** Yumi has been to Europe a few times.

☐ **6.** They have sung this song at karaoke.

☐ **7.** I've heard the song somewhere before.

☐ **8.** He has climbed Mount Fuji many times.

☐ **9.** She has worn a kimono three times.

☐ **10.** I've heard a lot about you.

↗ 初対面のときの決まり文句。a lotの代わりにso muchでもOKです。

143

現在完了「経験」の否定と疑問

何ができる？ 「〜したことがない」「〜したことある？」と言える

現在完了の否定文は＜have/has + not＞で表します。「経験」の文では yet（まだ）がよく一緒に使われます。また、「経験」の場合は not の代わりに never（今まで一度も〜がない）の使用頻度が高くなるのも特徴です。

I haven't seen a koala yet. yetとよく一緒

私はまだコアラを見たことがありません。

neverの使用頻度高い！

I have never seen a koala. yet不要

私は今までに一度もコアラを見たことがありません。

現在完了の疑問文は、Have/Has を文頭に持ってきますが、「経験」を尋ねる際は ever（今までに）がよく一緒に使われます。

everとセット！

Have you ever had sushi?

あなたは今までにお寿司を食べたことがありますか？

- Yes, I have. はい、あります。/ No, I haven't. いいえ、ありません。

※hadはeatenでもOK

疑問詞を使って、経験の回数を尋ねることもできます。

How many times have you had Sushi?

（あなたはお寿司を何回食べたことがありますか？）

– I have had Sushi a few times.

（私は数回お寿司を食べたことがあります）

理解度チェック

以下を赤シートで隠し、日本語に合うように空欄を埋めて読んでみましょう。音声も確認し、まねして発音してください。

1. 私の娘はまだ雪を見たことがありません。
My daughter <u>hasn't</u> <u>seen</u> snow yet.

2. 私は海外に行ったことがありません。
I <u>have</u> <u>never</u> <u>been</u> abroad.

3. 私は人生で今より幸せだったことはありません。
I <u>have</u> <u>never</u> <u>been</u> happier in my life.

4. 私たちは以前どこかでお会いしましたか？
<u>Have</u> we <u>met</u> somewhere before?

5. あなたは今までに奈良に行ったことがありますか？
<u>Have</u> you <u>ever</u> been to Nara?

6. この映画を何回見たことがありますか？　ありません。
<u>How</u> <u>many</u> <u>times</u> have you seen this movie?
– I never have.

大人の英会話ポイント

2. abroad（海外に）は副詞なので、to がいりません。**3.** 否定（never）と比較級（happier）なので「より幸せなことはない」→「最高」という意味になります。会話では I've never been ～ の短縮形が普通です。**5.**「～に行ったことがある」は have been to ～ です。gone にすると「行ってしまいました（もうここにいない）」という意味になり、次 Lesson の「完了・結果」の意味になります。**6.** I never have. は I haven't. でも OK。

以下の日本語を素早く英語にしてください。

※ I've と I've never は短縮形で言ってみましょう。

1. 私の祖母は一度も海外へ行ったことがありません。

2. 私はまだ卓球をしたことがありません。
table tennis

3. 私は一度もバンジージャンプを試したことがありません。
bangee jump

4. 私はまだジムの奥さんに会ったことがありません。

5. 私は人生で今よりワクワクしたことがありません。

6. あなたは今までに UFO を見たことがありますか？

7. あなたは今までに時差ボケになったことがありますか？
had jet lag

8. あなたは今までに恋をしたことがありますか？
been in love

9. 彼はこれまで iPad を使ったことがありますか？

10. あなたは何回『タイタニック』を見たことがありますか？
数回です、たぶん。
I guess

6. UFO は unidentified flying object（未確認飛行物体）の略。**8.** 恋愛の有無を聞くフレーズ。**10.** guess は think より自信がないときに使い、よりカジュアルです。I guess a few times. と同じ意味で、後 ↗

146

1. My grandmother has never been abroad.

2. I haven't played table tennis yet.

3. I've never tried bungee jumping.

4. I haven't met Jim's wife yet.

5. I've never been more excited in my life.

6. Have you ever seen a UFO?

7. Have you ever had jet lag?

8. Have you ever been in love?

9. Has he ever used an iPad?
ハズィー

10. How many times have you seen "Titanic"
– A few times, I guess.

↗ ろにつけると「だと思う」をあとからつけ足す感じです。

現在完了「完了・結果」

何ができる？ | 「〜したところだ」「〜してしまった」と言える

　現在完了は「継続」「経験」に加えて、**「すでに／ちょうど〜し終えた」**といった**「完了」**を表すこともできます。現在完了の中では最も使用頻度が高い使い方です。already（すでに）や just（ちょうど、たった今）と一緒に使われます。

I have **already** finished my report.
私はすでにレポートを終わらせました。

I have **just** finished my report.
私はちょうどレポートを終わらせたところです。

　どちらも過去からのつながりを感じながら、「今」の状態を強く意識しています。会話では **I've** のように**短縮形を使う**のはこれまで通りです。

　疑問文や否定文では、**yet** がよくセットで使われます。**疑問文では「もう」**、**否定文では「まだ」**の意味になります。

Have you finished your report yet?
あなたはもうレポートを終えましたか？

> もう

– Yes. I have **just** finished my report.
はい。私はちょうど今レポートを終えたところです。

– No. I haven't finished my report yet.
いいえ。私はまだレポートを終えていません。

> まだ

現在完了は**動作が完了したあと**の「**結果**」の**状態**を表すこともできます。

I have lost my cellphone.

私は携帯電話をなくしてしまいました
（その結果、今もまだないまま）。

理解度チェック

以下を赤シートで隠し、日本語に合うように空欄を埋めて読んで
みましょう。音声も確認し、まねして発音してください。

1. 私はたった今、東京駅に着きました。
   I **have** just **arrived** at Tokyo Station.

2. 私はすでにそのニュースを聞きました。
   I **have** already **heard** the news.

3. 私はまだ上司からのメールを受け取っていません。
   I **haven't got** an email from my boss yet.

4. あなたはもうワクチンを接種しましたか？
   Have you already **had** the vaccine?

   いいえ、まだです。
   – No, not yet.

3. got は gotten または received でも可。**4.** Have
you already been vaccinated でも OK。

以下の日本語を素早く英語にしてください。

※否定文は短縮形で言ってみましょう。

☐ **1.** 彼はちょうど到着したところです。

☐ **2.** 私たちはその知らせをたった今聞いたところです。

☐ **3.** メイは彼女の車の鍵を失くしてしまいました。

☐ **4.** 私はまだ彼から連絡をもらっていません。
<u>heard from ~</u>

☐ **5.** 私はメールをまだチェックしていません。

☐ **6.** 彼女はまだ彼女のお客に折り返しの電話をしていません。
<u>called her client back</u>

☐ **7.** あなたはもうお昼を食べ（てしまい）ましたか？

☐ **8.** 彼はすでにスピーチを終え（てしまい）ましたか？

☐ **9.** 彼らはすでにその件について話し合いましたか？
<u>discussed the matter</u>

☐ **10.** ゴトウさんは仕事で大阪へ行ってしまいましたか？
<u>on business</u>

大人の英会話ポイント

3.「なくした結果今もない」ということ。**7.** had = eaten。**9.** discussは他動詞なので直接後ろに目的語をとり、aboutなどの前置詞はいりません。**10.**「行った結果、今はここにいない」ということ。ただし、アメ ↗

1. He has just arrived.

2. We've just heard the news.

3. Mei has lost her car key.

4. I haven't heard from him yet.

5. I haven't checked my email yet.

6. She hasn't called her client back yet.

7. Have you had lunch yet?
   ランチィェッ＿

8. Has he already finished his speech?

9. Have they already discussed the matter?
   オーォレディ

10. Has Mr. Goto gone to Osaka on business?

Lesson 32 ｜ 現在完了「完了・結果」

↗ リカでは have/has gone to ~ は「〜に行ったことがある」という「経験」でも使われています。

Lesson 28 〜 32 からランダムに 10 文、選び出しました。
以下の日本語を素早く英語にしてください。

☐ **1.** 私たちは長い間知り合いです。

☐ **2.** 彼は 1 週間ずっと病気です。

☐ **3.** 昨日からずっと蒸し暑いです。

☐ **4.** 私は何週間もジムでトレーニングしていません。

☐ **5.** あなたは結婚してどれくらい経つのですか？

☐ **6.** ユミはヨーロッパへ数回行ったことがあります。

☐ **7.** 私は、その曲を以前どこかで聞いたことがあります。

☐ **8.** 私の祖母は一度も海外へ行ったことがありません。

☐ **9.** あなたは今まで時差ボケになったことがありますか？

☐ **10.** 私はまだ彼から連絡をもらっていません。

1. We have known each other for a long time. (p. 135)

2. He has been sick for a week. (p. 135)

3. It has been hot and humid since yesterday. (p. 135)

4. I haven't worked out in the gym for weeks. (p. 139)

5. How long have you been married? (p. 139)

6. Yumi has been to Europe a few times. (p. 143)

7. I've heard the song somewhere before. (p. 143)

8. My grandmother has never been abroad. (p. 147)

9. Have you ever had jet lag? (p. 147)

10. I haven't heard from him yet. (p. 151)

どうでしたか？　素早く英語に変換できましたか？
うまく変換できない苦手な文法があったら、
当該ページに戻って復習してください。

現在完了と
過去形の違い

現在完了は完了したことを
今、持っている

　現在完了は、過去の出来事が「今」に何らかの影響を及ぼしていて、過去と現在がつながりを持っていると感じたときに使います。「だから（今）〜だ」という含みがあります。

　例えば、次のような感覚が働いています。

・I have brushed my teeth.
　　　歯を磨いた。　　　　　　　　だから、歯がきれい。

・He has just arrived.
　彼がちょうど着いた。
　➡ だから今、見えるところにいる。

　「have ＋過去分詞」は、「完了した行為や出来事（＝過去分詞)」を話し手が今「持っている (= have/has)」と考えるといいでし

ょう。そして、文脈や状況によって「継続」「経験」「完了・結果」の意味が決まります。最初にこれらのカテゴリーがあるわけではありません。

I have brushed my teeth.なら、歯を磨いた（brushed my teeth）という完了したことを、今、私は持っている（I have）というわけです。また、He has just arrived.なら、ちょうど到着した(just arrived)を、今、彼が持っている（He has）ということなのです。

過去形との違いは？

過去形と比べながらその感覚をさらに詳しく見てみましょう。動詞 lose（〜を失う、過去形・過去分詞は lost）を使った例です。

過去形　　　　　　　　　　現在完了形

I lost my smartphone. vs I have lost my smartphone.

どちらも「私はスマホを失くした」ですが、過去形は、過去にスマホを失くしたという出来事を報告しているだけで、現在とは切り離されています。今は、見つかったかもしれないし、まだ見つかっていないかもしれません。現在のことには関心がないのです（一般に過去形を使うと今は見つかったことを暗に含むことが多いのですが）。

　一方、現在完了形は I have+（lost my smartphone）ということで（　）の「スマホを失くした」ということを「今、持っている＝I have」ということですから、「だから今、困っている」や「探さなきゃ」という「現在どうなのか」という感覚が入ってきます。そして、過去からずっと続いている時間的なつながりも感じられます。この場合は、失くしてしまった結果に意識が向いていると言えます。

　別の例を出しましょう。I have never tasted red wine.（赤ワインを飲んだことがありません）なら、never tasted red wine（過去に赤ワインを飲むことを一度もしなかった）ということを、過去からずっと今も持っている（I have）。だから「今、飲んでみたい」「今、アルコールで興味があるのは赤ワインです」などのニュアンスが生まれます。そのニュアンスは、話の状況や一緒に使われている語句で決まります。上記の文は、never（一度もない）があるので「経験」になるというわけです。

　いかがですか？　これが過去と現在がつながっているというネイティブの持つ「現在完了」の感覚です。こういう視点で今後は見てみましょう。

① これだけ！ あいさつとあいづち表現

これだけは覚えておきたい、覚えておけばなんとかなるという、
会話で必要になるあいさつ表現とあいづち表現を場面別に、
会話形式で厳選しました。
名前は自分や知り合いのものに替えて言ってみましょう。

【あいさつ】

〈カジュアル、普通の場面〉 ………………………………………………………………………

あいさつ① 友人、同僚と。少しカジュアル

A: Hi.
B: Oh, hi. How are you doing?
A: I'm good. How are you?
B: I'm pretty well, thank you.

A：こんにちは。
B：ああ、こんにちは。
　　元気ですか？
A：元気ですよ。あなたはどうですか？
B：とても元気です、ありがとう。

🔊 71

> 普段のあいさつでは Hi. がいちばん使われます。Hello. はフォーマルな場面向き。電話の「もしもし」としては使いますが。How are you doing? は How's it going? でも OK。How are you? は少し堅く響きますが、使ってもまったく問題ありません。

あいさつ② 友人、同僚と。かなりカジュアル

A: Hey, what's up?
B: Not much.
A: Are you busy these days?
B: Well, actually, I'm a little busy this week. How about you?

A：やあ、どう？
B：特には。
A：最近は忙しいの？
B：う〜ん、実は今週は
　　ちょっと忙しいんだ。
　　そっちは？

🔊 72

> 親しい友人同士なら Hey. という声がけで始めることもあります。What's up? は親しい間柄で使いましょう。返事は Not/Nothing much. のように返すことが多いです。同じ What's up? で返しても OK。How about you? も相手の言葉をうながす便利な表現です。

あいさつ③　去り際、会話を切り上げる

73

A: Oh, I have to go now.

B: OK. Can you text me?

A: Sure. See you.

B: Bye.

A: あ、そろそろ
　　行かなきゃ。

B: わかった、メールしてくれる？

A: もちろん。またね。

B: じゃあね。

去り際の「じゃあ、じゃあね」にあたるのが、See you. や Take care. などです。
Bye. は1回だけ言います。通常は、日本語のように「バイバイ」と繰り返しません。
have to ~ は「〜しなければならない」という意味。

〈フォーマル、ビジネスの場面〉‥‥‥‥‥‥‥‥‥‥‥‥‥‥‥‥‥‥‥‥‥

あいさつ④　ビジネス相手、会社の上司とややフォーマル

74

A: Good morning, Mr. Brown.

B: Good morning, Yumi.

A: Oh, I like your jacket.

B: Thank you. I bought it in
　London a few years ago.

A: おはようございます、
　　ブラウンさん。

B: おはようございます、
　　ユミさん。

A: あっ、そのジャケット
　　いいですね。

B: ありがとう。数年前に
　　ロンドンで買ったんですよ。

朝なら Good morning. を使いますが、お昼以降は、Hi. で OK。英語では、相
手の名前を入れるのが普通です。親しみが込められるのでお勧めです。

あいさつ⑤　初対面

A: It's nice to meet you, Mr. Johnson.

B: It's nice to meet you, too, Ms. Sato.

A: I was looking forward to meeting you.

B: Me, too.

A： ジョンソンさん、
　　よろしくお願いします。
B： こちらこそ、佐藤さん、
　　よろしくお願いします。
A： お会いできるのを
　　楽しみにしていました。
B： 私もです。

It's nice to meet you. はフォーマルな場面。It's を省略して Nice to meet you. にするとカジュアルになります。look forward to ~ で「~を楽しみにする」。I've been looking forward to meeting you. と言うこともできます。

【あいづち】

〈カジュアル、普通の場面〉‥‥‥‥‥‥‥‥‥‥‥‥‥‥‥‥‥‥‥‥‥‥

あいづち①　友人同士。少しカジュアル

A: That was a great movie.

B: Yeah.

A: It was three hours,
but it didn't feel long.

B: Absolutely.

A： いい映画だったね。
B： そうだね。
A： 3時間だったけど、
　　長くは感じなかったね。
B： まったく。

あいづちは、あまり繰り返すと嫌味になる可能性があります。適度にはさむようにしましょう。うなずくだけでも話を聞いていることは伝わります。Absolutely. は Exactly. でも OK です。

あいづち②　友人同士、知人同士。普通

A: You know what?

B: What?

A: Coffee is good for your health.

B: Oh, is it? That's great.
I'm a coffee lover.

A： 知ってる？
B： 何を？
A： コーヒーは健康に
　　いいんだよ。
B： え、そうなの？
　　それはいいね。
　　僕はコーヒー大好きなんだ。

You know what? は、「ねえ、ちょっと聞いて」と話しかける時のフレーズです。こう言われたら What? と返すのがセオリー。相手の言葉を受けて「そうなの？　そうなんですか？」と返すには、Is it? のように疑問文の頭だけを使うやり方もあります。一般動詞なら、Does it? とか Did he? などになります。「いいね。いいですね」の That's good/great. もよく使われます。

あいづち③　同僚と、ややカジュアル

A: They cancelled today's meeting.
B: Oh, really?
A: Mr. White caught a cold.
B: I see. I'm sorry to hear that.

A：彼らは今日の会議をキャンセルしてきたよ。
B：えっ、そうなんですか?
A：ホワイトさんが風邪をひいてしまったんだ。
B：そうですか。それはお気の毒に。

Really? は相手のことを疑っているニュアンスがあるので、連発するのは避けましょう。Oh をつけると表現がやわらかくなります。Oh, did they? とも言い換えられます。

② 不規則な変化をする動詞一覧

79

間違いやすい発音にカタカナでヒントをつけています。

原形	意味	3単現	過去形	過去分詞形
be	（イコール）	is	was, were	been
become	～になる	becomes	became	become
begin	始める	begins（ズ）	began	begun
break	壊す	breaks	broke	broken
bring	持ってくる	brings（ズ）	brought	brought
build	建てる	builds（ヅ）	built	built
buy	買う	buys	bought	bought
carry	運ぶ	carries（イズ）	carried	carried
catch	つかまえる	catches（イズ）	caught（カァート）	caught
choose	選ぶ	chooses（イズ）	chose（チョウズ）	chosen
come	来る	comes	came	come
cry	泣く	cries	cried	cried
cut	切る	cuts（ッ）	cut	cut
die	死ぬ	dies	died	died
do	する	does	did	done
draw	描く	draws	drew	drawn
drink	飲む	drinks	drank	drunk

発音注意ポイント

- 3単現の s
  hopes、breaks などは s を「ス」、catches、chooses などは es を「ィズ」、builds、finds などの ds を「ヅ」、gets は ts を「ツ」と発音する。
- 過去形の ed
  hoped、finished は「トゥ」と発音する。いずれも弱い音になる。

原形	意味	3単現	過去形	過去分詞形
drive	運転する	drives	drove	driven
eat	食べる	eats	ate	eaten
fall	落ちる	falls	fell	fallen
feel	感じる	feels	felt	felt
find	見つける	finds	found	found
finish	終える	finishes	finished	finished
fly	飛ぶ	flies	flew	flown
forget	忘れる	forgets	forgot	forgotten
get	手に入れる	gets	got	gotten
give	与える	gives	gave	given
go	行く	goes	went	gone
grow	成長する	grows	grew	grown
have	持っている	has	had	had
hear	聞こえる	hears	heard	heard
hit	打つ	hits	hit	hit
hold	持つ、催す	holds	held	held
hope	望む	hopes	hoped	hoped

原形	意味	3単現	過去形	過去分詞形
hurry	急ぐ	hurries	hurried	hurried
keep	保つ	keeps	kept	kept
know	知っている	knows	knew	known
leave	去る、出発する	leaves	left	left
lose	失う、負ける	loses	lost	lost
make	作る	makes	made	made
mean	意味する	means	meant メント	meant
meet	会う	meets	met	met
miss	のがす	misses	missed	missed
plan	計画する	plans	planned	planned
put	置く	puts	put	put
read	読む	reads	read ゥレッド	read
run	走る	runs	ran	run
save	救う	saves	saved	saved
say	言う	says セッズ	said	said
see	見る	sees	saw	seen
sell	売る	sells	sold	sold
send	送る	sends	sent	sent
sing	歌う	sings	sang	sung
sit	座る	sits	sat	sat

原形	意味	3単現	過去形	過去分詞形
sleep	眠る	sleeps	slept	slept
speak	話す	speaks	spoke	spoken
spend	過ごす	spends	spent	spent
stand	立つ	stands	stood	stood
stop	止める	stops	stopped	stopped
study	勉強する	studies	studied	studied
swim	泳ぐ	swims	swam	swum
take	取る	takes	took	taken
teach	教える	teaches	taught	taught
tell	伝える、言う	tells	told	told
think	思う、考える	thinks	thought	thought
touch	さわる	touches	touched	touched
try	やってみる	tries	tried	tried
understand	理解する	understands	understood	understood
wash	洗う	washes	washed	washed
watch	見る	watches	watched	watched
wear	着ている	wears	wore	worn
win	勝つ	wins	won	won
wish	願う	wishes	wished	wished
worry	心配する	worries	worried	worried
write	書く	writes	wrote	written

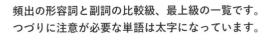

③比較変化の一覧

頻出の形容詞と副詞の比較級、最上級の一覧です。
つづりに注意が必要な単語は太字になっています。

原級	意味	比較級	最上級
big	大きい	bigger	biggest
busy	忙しい	**busier**	**busiest**
cheap	安い	cheaper	cheapest
clean	きれいな	cleaner	cleanest
clever	りこうな	cleverer	cleverest
close	近い	closer	closest
cold	寒い、冷たい	colder	coldest
cool	涼しい、かっこいい	cooler	coolest
cute	かわいい	cuter	cutest
dark	暗い	darker	darkest
deep	深い	deeper	deepest
early	早い、早く	**earlier**	**earliest**
easy	簡単な	**easier**	**easiest**
fast	速い、速く	faster	fastest
few	少しの	fewer	fewest
fine	良い	finer	finest
funny	おかしい	**funnier**	**funniest**
great	素晴らしい、大きい	greater	greatest
happy	幸せな	**happier**	**happiest**
hard	熱心に、難しい	harder	hardest
heavy	重い	**heavier**	**heaviest**
high	高い、高く	higher	highest
hot	熱い、暑い	**hotter**	**hottest**

原級	意味	比較級	最上級
large	大きい	larger	largest
light	軽い	lighter	lightest
long	長い、長く	longer	longest
loud	（音が）大きい	louder	loudest
lucky	幸運な	**luckier**	**luckiest**
near	近い	nearer	nearest
new	新しい	newer	newest
nice	素敵な	nicer	nicest
old	古い、年をとった	older	oldest
poor	貧しい	poorer	poorest
pretty	かわいい	**prettier**	**prettiest**
rich	金持ちの	richer	richest
sad	悲しい	**sadder**	**saddest**
short	短い	shorter	shortest
slow	遅い	slower	slowest
small	小さい	smaller	smallest
smart	りこうな	smarter	smartest
soon	すぐに	sooner	soonest
strong	強い	stronger	strongest
sweet	甘い	sweeter	sweetest
tall	高い	taller	tallest
warm	暖かい	warmer	warmest
young	若い	younger	youngest

不規則変化

原級	意味	比較級	最上級
bad	悪い	worse	worst
far	遠い、遠くに	farther	farthest
good	良い	better	best
late（通常の変化）	遅い	later	latest
late	あとの	latter	last
little	小さい、少ない	less	least
many	多数の	more	most
much	多量の	more	most
well	うまく	better	best

more、mostをつけるタイプ

原級	意味	比較級	最上級
beautiful	美しい	more beautiful	most beautiful
careful	注意深い	more careful	most careful
carefully	注意深く	more carefully	most carefully
convenient	便利な	more convenient	most convenient
dangerous	危険な	more dangerous	most dangerous
difficult	難しい	more difficult	most difficult
easily	簡単に	more easily	most easily
exciting	ワクワクさせる	more exciting	most exciting
expensive	高価な	more expensive	most expensive
famous	有名な	more famous	most famous
important	重要な	more important	most important
natural	自然の	more natural	most natural
necessary	必要な	more necessary	most necessary
popular	人気のある	more popular	most popular
quickly	素早く	more quickly	most quickly
useful	役に立つ	more useful	most useful

東本 S. 裕子（とうもと さかまき ゆうこ）

横浜商科大学商学部商学科准教授。同大学国際交流専門委員、英語部会長、英語教育センター主任。英語コミュニケーションや異文化理解を中心とした教育・研究活動を行う。COIL(Collaborative Online International Learning)を初め、学内外の国際交流活動や留学生の支援なども行っている。SNA-COIL 国際運営委員。International Journal of ARES, Editorial Board Member. 日本比較文化学会役員。

高橋基治（たかはし もとはる）

東洋英和女学院大学教授。専門は英語教育。著書に『マンガでおさらい中学英語』（共著、KADOKAWA）など他多数。

中2英語をおさらいして話せるようになる本

発行日　2021 年 12 月 15 日（初版）
　　　　2022 年 4 月 1 日（第 2 刷）

著者　東本 S. 裕子／高橋基治

編集　株式会社アルク出版編集部
編集協力　杉本香七
英文校正　Peter Branscombe
ブックデザイン　長尾和美（Ampersand Inc.）
イラスト　長尾和美
ナレーション　Bill Sullivan ／ Julia Yermakov ／水月優希

録音・編集　一般社団法人 英語教育協議会（ELEC）
DTP　朝日メディアインターナショナル株式会社
印刷・製本　シナノ印刷株式会社

発行者　天野智之
発行所　株式会社アルク
〒 102-0073 東京都千代田区九段北 4-2-6 市ヶ谷ビル
Website：https: //www.alc.co.jp/

地球人ネットワークを創る

アルクのシンボル
「地球人マーク」です。